古代史解明シリーズ〈1〉

謎のアークとキリストの真実

志鎌芳夫
SHIKAMA Yoshio

たま出版

はじめに

本書を草稿する目的は、日本各地に残されている岩絵や岩に描かれた文字を解明することにより、古代の日本の真の姿を復元し、皆様にお知らせすることです。

第一部では、岩絵と岩に書かれた碑文《ひぶん》の解明を記しています。また、第二部では、日本名天空望《てんくうぼう》ことイッサー（イエス）・キリストの描いた岩絵について述べています。

二〇〇四年七月、「日本超古代地名解」（古川純一著、彩流社）を拝読中、四〇七頁上段に掲載されていた岩に描かれた神代文字の写《うつし》（「古代日本の絵文字」大羽弘道著、秋田書店）を見た時に、過去の記憶が甦ってきました。ある古史古伝の本のなかで、その絵文字の写《うつし》と同じものが掲載されていたのを思い出したのです。その本の中では、ある著者が「絵文字の一部を『へ』と読むのはおかしい」との批判が記載されていたと記憶しています。独自の解読は不可能であると思い、その時は解読するのを諦めた記憶があります。

しかし、古川純一氏の著書に触発されて、「これは、解ける」と実感しました。なぜなら、日頃お世話になっている有能な神通力者（御神神様《おんかみがみ》とお話のできる方）である上原保江（観月明希）先生に、神代文字の第一人者である安藤妍雪《けんせつ》先生を紹介していただき、同先生の著書「元ひとつ」（書《しょ》の霊智塾《みちじゅく》）、「世界の言語は元ひとつ」（今日の話題社）を購入し、拝読したところ、これらのご本の中にその岩の神代文字を解読する「コード表」が掲載されていたからです。これを使えば解読できると思いましたが、実際に取り掛かると、「コード表」にない文字から始まり、読めない文字が多々ありました。

そこで、数秒間「にらめっこ」をしました。その結果、あるアイディアを思いつき、解明に成功したのです。

その後、吉田信啓氏のご著書に掲載されている古代の岩絵の主だったものはすべて解明することができました。それらはすべて、日本における古神道《こしんとう》の御神神様《おんかみがみ》のことが描かれているものだったのです。神代の昔は、神話の世界だけではなく、現在に繋がる世界であることをも悟らされました。

また、岩に線刻された絵や神代文字を解明する途中で、数々の不思議な現象に遭遇しました。それらの不思議な現象は、各章の巻末に記してあります。

過ぎ去った遥かなる時代が忘れ去られるなかで、その時代に必要であったものが形として残され、しかしそれらの本質的な意味が不明となり、今日に至っています。

私は、これらの残されたものの本質的な意味を、色々な方々のご助力により解明することができました。そこには、日本の真実の歴史が秘められていました。解明することのできた真実を読者の皆様にお知らせすることが私の使命と思い、こうして筆を執った次第です。

とりわけ、偶然に日本名天空望《てんくうぼう》ことイッサー（イエス）・キリストの描いた岩絵三部作を解明することができたことは、望外の喜びであり、意義深いものと思っています。キリスト教徒の皆様には、ぜひこの本をお読みいただきたいと思います。

◎目次

第一部　謎のアーク

第一章　幣立神宮の旧御神体（岩絵）の意味を解明する

～熊本県阿蘇郡山都町

幣立神宮《へいだてじんぐう》の旧《きゅう》御《ご》神体《しんたい》（岩絵）の写真１０１を左記に示します（「ペトログラフ・ハンドブック」吉田信啓著、中央アート出版社より）。

また、その下に各部位に符号をふった説明用の図１０１を示します。

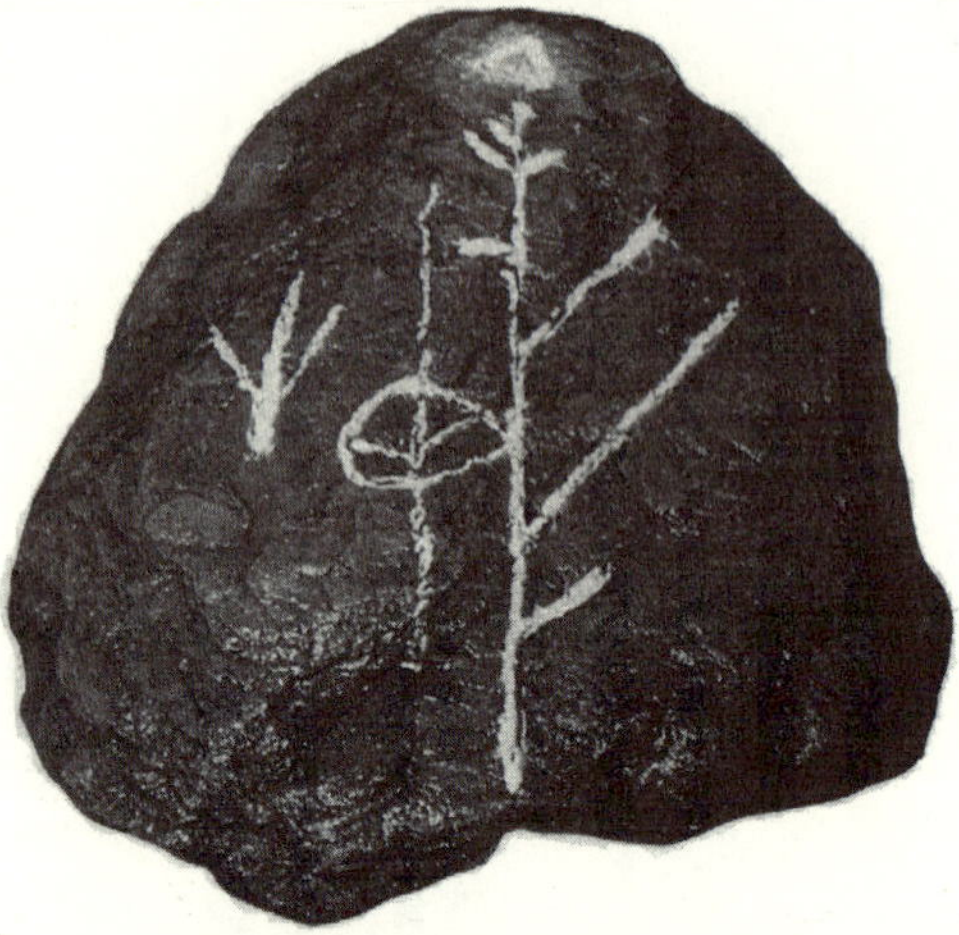

写真101 幣立神宮《へいだてじんぐう》の旧《きゅう》御《ご》神体《しんたい》

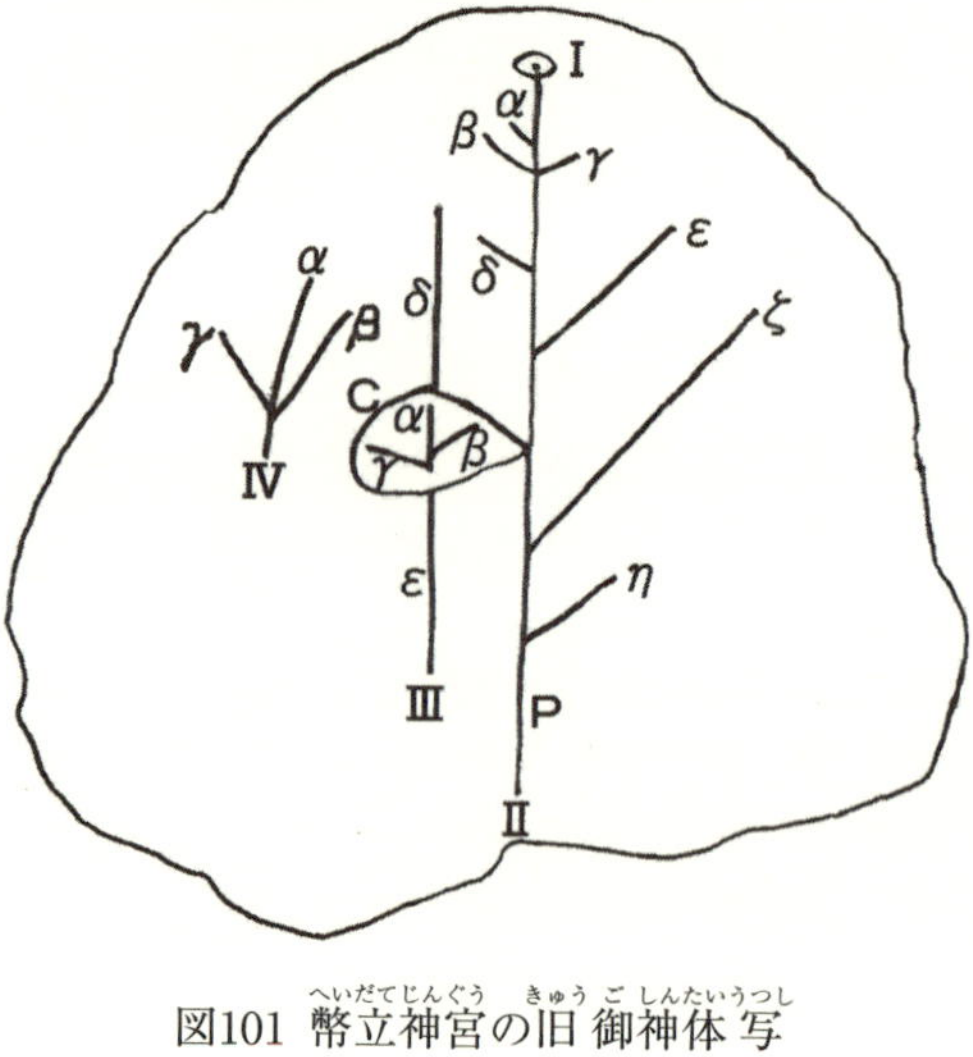

図101 幣立神宮《へいだてじんぐう》の旧《きゅう》御《ご》神体《しんたい》写《うつし》

この絵は、大きく四つに分けられます。

第一は右の絵の上（Ⅰ）、第二は右の絵の下（Ⅱ）、第三は中央の絵（Ⅲ）、第四は左の絵（Ⅳ）です。

ⅠおよびⅡの絵の意味

1. 図Ⅰの最上部に目の絵がありますが、これは、大宇宙御貴主愛様《だいうちゅううがたがなし》（全宇宙の最高神様）を示しています。
また、目は眼《まなこ》を示し、真理を示しています。全宇宙の頂点に在って銀河系に関わる御神神様《おんかみがみ》を支配している様子が描かれています。

2. 図Ⅱは、目の絵から真っ直ぐに一本の縦の線が描かれています。これは、天御柱《あめのみはしら》を意味しています。御神様《おんかみ》を数える時、また書き表す時、柱という言葉を使います。まさに御神様《おんかみ》を示す柱を示しています。
さらに、この一本線は、大宇宙御貴主愛様《だいうちゅううがたがなし》と左右に描かれた七本の枝すべてをお繋ぎしています。この御神様《おんかみ》こそ全宇宙で二番目の御神様《おんかみ》である火之大神様《ひのおおかみ》を表しています。火之大神《ひのおおかみ》様のお働きがなければ、御神《おんかみ》様と御神《おんかみ》様は繋がりません。
もちろん、御神《おんかみ》様と人も繋がりません。

3. 右の縦の直線である天御柱《あめのみはしら》に、右側に四本の枝（線）、左側に三本の枝（線）が描かれています。

また、図Ⅲの中央の絵の輪の右脇とⅡの絵の御柱《みはしら》の枝（線）において、上から数えて五と六の間で交わっています。御柱《みはしら》の突き出たところは除き上から三本目までを天三《あめのさん》神《じん》様、後二柱を加えて天五神《あめのごしん》様、中央天御柱《あめのみはしら》と図Ⅲの絵の輪の交点より上が天五神《あめのごしん》様であるとの意味で区別するため、輪で五以上と以下二神様を区別しています。

さらに、二柱を加えて天七神《あめのしちしん》様を示しており、これは、北斗七星にも繋がることを意味しています。御神神《おんかみがみ》様はそれぞれ独立しており、直接繋がりません。そこで御神神《おんかみがみ》様を繋ぐ御神《おんかみ》様、火之大神《ひのおおかみ》様の存在が重要となります。

Ⅲの絵は、天五神様を示しています

1. 中央部輪から上の直線が御一神《ごいっしん》様を示しています。

2. 輪の中の三神様《さんじん》は、左Ⅳの絵の三神様《さんじん》がそっくりそのまま安置されています。
3. 輪の下の直線が御一神様《ごいっしん》を示しています。
4. 輪の意味

天三神様《あめのさんじん》を輪で囲った理由は、天三神様《あめのさんじん》を輪で囲わないと上下各御一神様《ごいっしん》が加わり、三神様《さんじん》しか表現できないので、これを書いた御神様《おんかみ》は、三神様《さんじん》を中央の中央に据え、上下に各御一神様《ごいっしん》を微妙に直線を切ることにより表現し、五神様《ごしん》であることがはっきりするように表現しました。実に絶妙です。

また、輪右端がⅡの絵の御柱《みはしら》を五神様《ごしん》の位置で接触させて切断し、やはりこれから上は五神様《ごしん》であることを示しています。

今一つ重要な意味は、輪と天御柱《あめのみはしら》が接して描かれていることです。これは、七神様《しちしん》と五神様《ごしん》を一体とし、天一二神様《あめのじゅうにしん》を表しています。真に絶妙な表現であるといえます。

しかし、これではまだ完璧ではありません。天九神様《あめのきゅうしん》が読み取れません。ここでまた、輪が重要な働きをします。輪の上と下に各御一神様《ごいっしん》ごとに描かれていることを思い出します。

そこで、五神様《ごしん》を七神様《しちしん》に加えて天一二神様《あめのじゅうにしん》としたのと同じ要領で、輪の中の三神《さんじん》様を足さず〇《ゼロ》として、二神《にしん》様を七神《しちしん》様に加えると、みごとに九神《きゅうしん》様となりました。

天一二神《あめのじゅうにしん》様も表現されておりました。本当に驚異・驚嘆です。

図中Ⅳの絵は、天三神様を示しています

中央の御柱《みはしら》が、御一神《ごいっしん》様、左が御一神《ごいっしん》様、右が御一神《ごいっしん》様で三神《さんじん》様を示しています。このように三又に分かれた三神《さんじん》様の表現は、下関市指定文化財の彦島杉田岩刻画にも見られます。

これも、天三神《あめのさんじん》様、天五神《あめのごしん》様、天七神《あめのしちしん》様他が描かれています。この岩絵の影響とも思われます。

全体構成を見渡します

1．宇宙の目が描かれ、真理が描かれています。全宇宙の最高神様である大宇宙《だいうちゅう》御貴主《うがた》愛《がなし》様が描かれています。

2. 天御柱《あめのみはしら》である全宇宙で二番目の御神様《おんかみ》である火之大神様《ひのおおかみ》が描かれています。

3. 次に右から左へ順番にまとめますと、

(a) 七神様《しちしん》が柱と枝のモチーフにより抽象的に描かれています。数字は、「七」となります。

(b) 天五神様《あめのごしん》が描かれており、その中央に天三神様《あめのさんじん》を特別の輪で囲み、鎮座《ちんざ》させています。数字は、「五」となります。

(c) 天三神様《あめのさんじん》が改めて示されています。数字は、「三」となります。

数字のまとめ

1. 右の3に示した数字を右から左へ順番に読むと、「七」、「五」、「三」となり、七五三の原点が現れました。七五三の祝いもこれが原点であることが判明しました。

2. この絵の全体の御神様《おんかみ》の数を数えます。

Ⅰの絵の目は、単独で大宇宙御貴主愛様《だいうちゅううがたがなし》を示しています。

Ⅱは、やはり単独で火之大神様《ひのおおかみ》を示しています。天御柱《あめのみはしら》である火之大神様《ひのおおかみ》に繋がれた状態の天七神《あめのしちしん》様が示されています。この七枝ツリーの絵の中だけでも、天御中主大《あめのみなかぬしのおお》神《かみ》様、天三神《あめのさんじん》様、天五神《あめのごしん》様、天七神《あめのしちしん》様は数えることができます。

ⅠおよびとⅡとⅢの絵は輪で一体となっており、Ⅱの七とⅢの絵の輪の中を〇《ゼロ》とした時に二を加え九となり、天九神《あめのきゅうしん》様が表現されています。

同じく、Ⅱの絵とⅢの絵は輪で一体となっており、天七神《あめのしちしん》様プラス天五神《あめのごしん》様で天一《あめのじゅう》二神《にしん》様を示しています。この天一二神《あめのじゅうにしん》様にⅣの絵の三神《さんじん》様を加えますと、天一五神《あめのじゅうごしん》様となり、大宇宙御貴主愛《だいうちゅううがたがなし》様、火之大神《ひのおおかみ》様、天御中主大神《あめのみなかぬしのおおかみ》様、天三神《あめのさんじん》様、天五神《あめのごしん》様、天七神《あめのしちしん》様、天九神《あめのきゅうしん》様、天一二神《あめのじゅうにしん》様、天一五神《あめのじゅうごしん》様と、すべてが完璧に表現されており、そのみごとさに驚嘆せざるを得ません。真に神業です。

しかし、天一六神《あめのじゅうろくしん》様がおわしません。

3. 輪は、一体何を示しているのでしょうか。

この絵には一切の無駄も不足もありません。天一六神《あめのじゅうろくしん》様がおわしません。天御柱《あめのみはしら》である火之大神《ひのおおかみ》様に繋がって、空なる神様である天一六神《あめのじゅうろくしん》様が描かれていました。これこそ輪そのものです。輪そのものが天一六神《あめのじゅうろくしん》様でした。

4. この岩絵に示された御神神《おんかみがみ》様の総数は、二+一六=一八のため、御神神《おんかみがみ》様が示されていることがわかりました。何度も重複して数えられるため、御神様《おんかみ》はその時々で働きが異なると思われます。真理である日本の多神教の原点がここにあります。

この岩絵の本当の意味

1. 大宇宙《だいうちゅう》御貴主愛《うがたがなし》様と火之大神《ひのおおかみ》様は別格として表されています。天御中主大神《あめのみなかぬしのおおかみ》様、天三神《あめのさんじん》様、天五神《あめのごしん》様、天七神《あめのしちしん》様、天九神《あめのきゅうしん》様、天一二神《あめのじゅうにしん》様、天一五神《あめのじゅうごしん》様、天一六《あめのじゅうろく》神《しん》様までが表現されており、この御神神《おんかみがみ》様の状態は、いわゆる天《あめの》と名の付く御神神《おんかみがみ》様を示していることがわかりました。
2. 大宇宙《だいうちゅう》御貴主愛《うがたがなし》様、火之大神《ひのおおかみ》様と天《あめの》と付く御神神《おんかみがみ》様を示した岩絵であると思います。

まとめ

当初、現地を知りませんでしたので、この岩絵が社殿《しゃでん》に納まっているのか、屋外にあるのかはわかりませんでしたが、神社創建時の御神体《ごしんたい》であったものと思います。御神体《ごしんたい》であるこの岩絵の御祭神様《ごさいじん》は、大宇宙御貴主愛様《だいうちゅううがたがなし》、火之大神様《ひのおおかみ》、天御中主大神様《あめのみなかぬしのおおかみ》、天三神《あめのさんじん》様、天五神《あめのごしん》様、天七神《あめのしちしん》様、天九神《あめのきゅうしん》様、天一二神《あめのじゅうにしん》様、天一五神《あめのじゅうごしん》様、天一六神《あめのじゅうろくしん》様を祭る岩絵であると思います。

なお、この岩絵は御神《おんかみ》様御自身が描いたとしか言いようがありません。おそらく、火之《ひの》大神《おおかみ》様ではないでしょうか。

この岩絵は、吉田信啓氏が社殿《しゃでん》の脇の地下に埋れているのを感知し、地上に掘り出したものであると宮司さんから聞きました。

また、村上修好先生からも、吉田信啓氏はヘリコプターに搭乗して上空からでも埋れた岩絵を発見する特殊な能力の持ち主であると聞きました。

吉田信啓氏に感謝しましょう。

輪とは、本当は何でしょうか

これこそが、インドに先立つ〇《ゼロ》の発明ではないでしょうか。輪の中の三を無として、輪自体が輪に接する二を七に足せと解釈できます。「輪＝わ」と記します。

輪の中の三を無とせよ→○《ゼロ》
輪に接する二を七に加えよ→「＋」つまり「わ」を求めよ。足し算の「和」を求めよとの神示《しんじ》です。
二足す七は（輪＝は）九、つまり答えの「は」は輪であり、今一度輪を読めとの神示《しんじ》であることがわかりました。これは、現在でいうところのイコール（＝）を示しています。明らかに、足し算の数式を示す世界最古の計算式であると思われます。
五（二＋三）＋七＝一二
また、二＋○《ゼロ》（輪の中を○《ゼロ》とした場合）＋七＝九
これは、ゼロの発明を意味していると思われます。
これで、小学校以来の、一＋（和＝わ）二＝（輪＝は）三、「いちたすにはさん」の意味が本当に理解できました。
さらにこの式の表現を変えれば、
五－三＋七＝九
つまり、輪は、輪の中の三を減ぜよとの神示《しんじ》であることがわかり、引き算をも意味しています。これは、明らかに引き算を示す世界最古の計算式であると思われます。足される

ものを右、足すものが左、右に作用して（ベクトルの概念）和を求めさせ、右に引かれる数字を示し、左に引く数字を示し、左に作用（マイナスのベクトルの概念）させて引き算を表しています。

足し算、引き算の答えはすべて計算を実行した本人の脳裏にあることになります。引き算は、日本語では差を求めると言っています。これは、「左」に作用せよとのことで、左＝差としたものと思われます。ここで、「無」の概念も示されており、負の概念が示されているのでしょうか。

ⅠおよびⅡの絵とⅢの絵の神様の合計数が一二であることは、七と五を足すという意思があれば答えは脳裏に一二と記憶されます。とにかくこれは、右つまりプラスの作用といえます。

では、Ⅲの絵のうち、五の中の三を無として二からⅣの絵の三を引けば（左に作用させる）答えはマイナス一となります。つまり、一つ不足する状態を考えたことになります。この事実からして、負の概念もあったと思われます。

また、御神様《おんかみ》を棒一で表し、無《な》しとする場合は、輪つまり〇《わ》で表現し、現在でいう1と0の二進法の概念が述べられていると思われます。

ちなみに、〇《ゼロ》の発見は、インドにおいて八七六年に書かれた書物にあると「カジョリ　初等数学史」（カジョリ著・小倉金之助訳、共立出版）にあります。

さらに、全国神社名鑑によれば、この神社は「神漏岐命《かむろぎのみこと》」、「神漏美命《かむろみのみこと》」、「大宇宙大和《だいうちゅうだいわ》神《じん》」、「天御中主大神《あめのみなかぬしのおおかみ》」、「天照大御神《あまてらすのおおみかみ》」とあり、御神体《ごしんたい》の岩絵の解明の結果とも差異はないと思われます。

ただし、「大宇宙大和神《だいうちゅうだいわじん》」とは、大宇宙御貴主愛《だいうちゅううがたがなし》様を示しています。祓戸《はらいど》の大神《おおかみ》様である「神漏岐大神《かむろぎのおおかみ》」様、「神漏美大神《かむろみのおおかみ》」様の二神《にしん》様および「天照大御神《あまてらすのおおみかみ》」様の一神《いっしん》様は、この岩絵には直接示されてはいません。

この岩絵は、御神《おんかみ》様のことだけではなく、自然科学における数学の、

・数字としてのゼロの概念
・無の概念
・極限の概念
・足し算の概念
・引き算の概念
・正の整数の概念

・負の整数の概念
・ベクトルの概念
・二進法の概念
が網羅されており、数学の基本概念のすべてが述べられていると思われます。

これは、数学史における世界的大発見と思われます。

この神宮《じんぐう》には、「神武天皇東遷御野立跡《じんむてんのうとうせんおのだちあと》」があるとのことですが、神武天皇《じんむてんのう》の即位は紀元前七五六年です。それ以前にこの岩絵の御神体《ごしんたい》を祭っていたことも確かであろうと思います。

インドにおいては九世紀に〇《ゼロ》が発見されましたが、この岩絵の〇《ゼロ》は、少なくとも一万五千年以上前に遡ると思われます。

おそらく、それより遥《はる》か悠久《ゆうきゅう》の時を経た昔であると思われます。

御神様の数

1. 御神様《おんかみ》の数を今一度示します。

(a) 天御中主大神《あめのみなかぬしのおおかみ》様の「一」
(b) 天七神《あめのしちしん》様の「七」
(c) 天七神《あめのしちしん》様の上の五神《ごしん》様の「五」
(d) 天七神《あめのしちしん》様の上の三神《さんじん》様の「三」
(e) 天九神《あめのきゅうしん》様を数えるには、天七神《あめのしちしん》様の「七」と天七神《あめのしちしん》様の四神《よんしん》様と五神《ごしん》様の二神《にしん》様を加えて「九」。
(f) 天一二神《あめのじゅうにしん》様を数えるには、天七神《あめのしちしん》様の「七」と天五神《あめのごしん》様の「五」を加えて天二神《あめのにしん》様の「一二」。
(g) 天一五神《あめのじゅうごしん》様を数えるには、天一二神《あめのじゅうにしん》様の「一二」に天三神《あめのさんじん》様の「三」を加えます。
(h) 天一六神《あめのじゅうろくしん》様は、天一五神《あめのじゅうごしん》様に輪自体の一を加えて「一六」とします。

以上の結果を小さい数字から大きい数字へ並び変えると、一・三・五・七・九・一二・一五・一六となります。一から九までは差を二とした等差数列であり、九から一五は差を三とした等差数列となります。一六は別格のようです。自由なる空の御神《おんかみ》様であり、規則に縛られない御神格《ごしんかく》がそのまま現れています。

2. 御神《おんかみ》様の数を数えることにより、

(a)数列の概念が盛り込まれています。
(b)数の数え方は十進法であることが確認されます。
(c)御神《おんかみ》様の数を何度も重複して数えることにどのような意味があるのでしょうか。
横に天七神《あめのしちしん》様の一つ一つに記号を付けて記します。縦に一神《いちしん》様から一五神《じゅうごしん》様を次元の階層で段階的に記します。中は出現を示し、最下段と最左列に各計を記します。

表101の文字はギリシャ文字でα＝アルファ、β＝ベータ、γ＝ガンマ、δ＝デルタ、ε＝イプシロン、ζ＝ゼータ、η＝イータと読みます。

ただし、便宜的に天一六神《あめのじゅうろくしん》様は天一五神《あめのじゅうごしん》様に加えて表示しました。

以上の結果となりますが、九神《きゅうしん》様のδ、εに着目すると、δ＋δ＝二とも思われますが、δ×二＝二とも思われます。

同じように、一二神《じゅうにしん》様、一五神《じゅうごしん》様でも掛け算としても成立するようです。

また、九神《きゅうしん》様、一二神《じゅうにしん》様、一五神《じゅうごしん》様、一六神《じゅうろくしん》様を集合として捉えれば、次のようになります。

3. 集合の概念（算用数字で表記）
天一六神《あめのじゅうろくしん》様は、16∪15、12、9、7、5、3、1

表101　天御神神様一覧表

御神名	α	β	γ	δ	ε	ζ	η			
一神様	α									1
三神様	α	β	γ							3
五神様	α	β	γ	δ	ε					5
七神様	α	β	γ	δ	ε	ζ	η			7
九神様	α	β	γ	δ δ	ε ε	ζ	η		7 2	9
一二神様	α α	β β	γ γ	δ δ	ε ε	ζ	η		7 5	1 2
一五神様	α α α	β β β	γ γ γ	δ δ	δ δ	ζ	η	16	7 5 3 (16)	16
回数	1 0	9	9	8	8	4	4	1		52

天一五神《あめのじゅうごしん》様は、15∪12、9、7、5、3、1

天一二神《あめのじゅうにしん》様は、12∪9、7、5、3、1

天九神《あめのきゅうしん》様は、9∪7、5、3、1

天七神《あめのしちしん》様は、7∪5、3、1

天五神《あめのごしん》様は、5∪3、1

天三神《あめのさんじん》様は、３∪１

天御中主大神《あめのみなかぬしのおおかみ》様、１∪|１

となり、集合の概念を示唆していると思われます。

4. 岩絵に見られる数字の発見

Ⅱの絵において、天七神《あめのしちしん》様を示すツリーの枝は、それぞれ御一神《ごいっしん》様を表しており、枝一本が一を示しています。

この場合、角度がついていますが、縦に—を引けば一となります。その証拠に、Ⅲの絵の輪の上下の各一本は数字の一を示しています。

二という文字は見当たりませんが、—を二つ並べれば可能と思われます。

三は、Ⅳの絵に三本の棒を元で束ねて三を表示しています。

もちろん、輪は〇《ゼロ》です。このように、この岩絵は数字の元となる記号が表現されていると思われます。

5. πも示唆されていないかを検討します。

(a) πの検討

Ⅱの絵の天七神《あめのしちしん》様と、Ⅲにおける絵の中の天三神《あめのさんじん》様を輪の指示に従って和を求めると、七＋三＝一〇となります。

一〇神様《しん》を支える御柱《みはしら》の負担は、御一神様《ごいっしん》当たり

一÷一〇＝〇・一　(1)

Ⅲの絵で、輪の上下の一つずつを二とし、輪を小数点とし、輪の中を三のままとしますと、その読みは二・三となります。輪は極大、極小が可能なので、今回は小数点と解釈しました。

Ⅱの絵の七を右二・三で、輪を割るとして計算してみます。

七÷二・三＝三・〇四三四七八二六　(2)

右の(1)と(2)を加えると、

〇・一＋三・〇四三四七八二六＝三・一四三四七八二六

(b)結果

三・一四

やはり「輪」にπは隠されていました。驚異の啓示《けいじ》と言わざるを得ません。このようにして式を立てて完璧なπを計算できるのは、偶然では有り得ません。古代ギリシャや中国等以前に、すでに日本においてπの値は啓示《けいじ》されていました。

6. その他

確率、行列、対数の底eも隠れていると思われます。もちろん、極小、極大の示唆もあり、これは微分、積分の示唆と受け止めてよいものと思います。自然科学である数学の宝庫といえます。

この岩絵は、全知全能の御神様《おんかみさま》御自身により描かれたものとしかいいようがありません。大宇宙御貴主愛様《だいうちゅううがたがなしさま》でしょうか。あるいは、火之大神様《ひのおおかみさま》でしょうか。

旧御神体である岩の物質について

1. 私は、この岩の物質は地球外物質でできており、地球にはない元素で構成されているものとも思います。比重も重く、硬度も相当高いものと思われます。

ただ、一方で、硬度は高く、比重は軽いとも思われます。

幣立神宮《へいだてじんぐう》の宮司さんが仮に許可していただければ、御神体《ごしんたい》を水に漬けて体積を測定し、秤《はかり》に掛ければ答えは出ますが、許可にはならないだろうと思います。

また、御神様《おんかみさま》御自身も御許《おゆる》しにはならないでしょう。

2. 科学的計測を行っても、多分測定不能となるのではないでしょうか。

3. 翻《ひるがえ》って、岩石図鑑で調べた結果は以下の通りです。
「原色岩石図鑑（全改定新版）」（益富壽之助著、保育社）記載の斑状《はんじょう》曹達《そうだ》流紋岩《りゅうもんがん》に酷似していると思われますが、実物を確認できませんので判断のしようがありません。

なお、図鑑における産出地は、島根県隠岐郡西郷町中村真奥谷とあります。

参考までに、次頁上段に旧《きゅう》御神体《ごしんたい》の写真を再び写真102とし、下段に前掲「岩石図鑑」掲載の写真を写真103として掲載します。比較してみて下さい。

写真102 幣立神宮《へいだてじんぐう》旧《きゅう》御神体《ごしんたい》

写真103 斑状《はんじょう》曹《そ》神《う》達《だ》流紋岩《りゅうもんがん》写真写《うつし》

これらはともに書籍における写真どうしであり、実物の照合ではありませんので、あくまでも参考程度とします。

一対一・六一八、黄金比は存在するのでしょうか

1. 計算の準備

(1) Ⅱの絵の中心に描かれている縦の線一本を数字の「一」とします。天御《あめのみ》柱《はしら》をπの計算に次いで再び用います。

(2) Ⅲの絵の輪を仮に√とします。

(3) Ⅲの絵の数字は、二＋三で五とします。

(4) Ⅲの絵により√五はできました。

(5) Ⅲの絵の輪を左に作用させて、差、つまり引く（－）とします。

(6) Ⅲの絵の輪を今度は右に作用させて和（＋）とします。

(7) Ⅲの絵の輪を今度は割る（÷）と解釈します。

(8)Ⅲの絵の輪の中を〇《ゼロ》とし、輪の外の二、あるいは五引く三で二のいずれでもかまいません。とにかく数字は、二とします。

(9)黄金比の値を仮にαと仮定します。

これで準備は整いました。

2. 計算式をつくります。

前記の条件を用います。

わかりやすくするため、算用数字で横書きとします。

$\alpha = (-1+\sqrt{5}) \div 2$

3. 黄金比も示唆されていました。

4. 以上の結果により、

・有理数

・無理数

がはっきりと明示されていました。輪の中にいかなる数字を入れても、平方根で解けることを啓示《けいじ》しています。この輪の中は有限から無限です。

5. 4の結果から導き出される結論は、輪の中に負の数を入れれば即ち虚数そのものであることがわかりました。
・虚数
を啓示《けいじ》しています。
6. さらに、平方根を輪が意味していますので、輪を「べき数」を求めるための「乗」と捉えれば、
・べき数
を啓示《けいじ》しています。

計算で試してみます。

輪の中が三、輪の外が二、三の二乗は九。九はⅢの絵で二とし、Ⅱの絵の七との和、九に帰結します。Ⅲの絵を五とし、輪を〇《ゼロ》として、0乗します。答えは一です。一はどこにあるかといえば、Ⅲの輪の上―と輪の下に―があります。二になってしまいますが、輪を〇《ゼロ》とし、点とみなすと、上の―と下の―が一体となり、一となります。

さらに、輪をイコールとすれば、三の0乗の一とⅡの天御柱《あめのみはしら》の一と等しいとの式が成り立ちます。

また、Ⅲの絵において、輪の中に五（二＋三）を入れて、輪の外の二で乗じると、二

五となります。二と五を足すと七になります。輪をイコールとしますと、Ⅱの絵の七と等しくなります。

実に融通無碍《ゆうづうむげ》な輪であることがわかりました。まさしく「神のみぞ知る」世界です。現代数学におけるあらゆる記号のすべてが、この輪で表現されているといえます。

御神様《おんかみ》の総数に戻り、行列式を解いてみます

三神様《さんじん》の前に御一神様《ごいっしん》である天御中主大神様《あめのみなかぬしのおおかみ》を表に加えてみます。御一神様《ごいっしん》を基本とし、出現度数はこれを加算したものとします。

ただし、天一六神様《あめのじゅうろくしん》は除いておきます。一覧表として、表１０２を左に示します。

空欄は○《ゼロ》を記入します。七行七列の行列式ができました。

この式の値を計算しますと、答えは○《ゼロ》です。結果として無になりました。

表102　御神様《おんかみ》の出現率《しゅつげんりつ》一覧表

0	0	0	0	0	0	1
0	0	0	0	1	1	1
0	0	1	1	1	1	1
1	1	1	1	1	1	1
1	1	2	2	1	1	1
1	1	2	2	2	2	2
1	1	2	2	3	3	3

ピタゴラスの定理は発見できるのでしょうか

1. 準備

(1) Ⅲの絵、輪の中三を用い三とします。

(2) Ⅱの絵七から輪の中三を左に作用させ、四とし、輪の中は融通無碍《ゆうづうむげ》であるので、三を四と仮に置き換えます。

(3) Ⅲの絵の五を用います。

2. 計算

(1)輪の中三を輪により二乗します。九
(2)輪の中に仮の四を置き、輪により二乗します。一六
(3)輪を＝とします。
(4)五を輪により二乗します。二五

3. 計算式

三の二乗＋四の二乗＝五の二乗

偶数をつくることは大変困難ですが、辻褄《つじつま》の合う結果とはなりました。
置換法とか仮定法が説明できたものと思います。

自然対数の底 e の値、二・七一八は発見できるでしょうか

Ⅲの絵とⅡの絵を使います。
(1)輪の外を二とします。
(2)輪は点とします。
(3)輪から右へ、七を読みます。

(4)天御柱《あめのみはしら》を一とします。
(5)右柱とツリーの七は、輪で接しているので和と考え、一と七を足して八とします。
左から右へ抵抗なく綺麗に揃いました。
結果（算用数字で表記）
e＝2.718

数学の基礎をなす事柄

数学の基礎をなす事柄は、この岩絵の中に凝縮されていることが確かめられました。何とも不思議な岩絵です。

御神様《おんかみ》に戻ります

1．輪は真に融通無碍《ゆうづうむげ》な宇宙そのものであり、輪の中三神様《さんじん》の他に、目に見えない全知全能の御神様《おんかみ》がおわすことがはっきりしました。

2. 輪の形に注目しましょう。輪を九〇度回転させると、涙（感涙）のようでもあるし、中を塗り潰すと点になります。一点を示す唯一神《ゆいいつしん》様は、「・」で表すとのことですので、この実態とも合致します。従って、天御中主大神《あめのみなかぬしのおおかみ》様がおわすものと思います。

3. 物理、化学、医学、植物学その他深い知識があれば、この岩絵の輪を使って種々のことが解き明かせると思います。

御神《おんかみ》様の配列・行列から理解できること

◎御神《おんかみ》様の次元について

御神《おんかみ》様の次元は七次元といわれています。Ｉの絵、宇宙の真理を示す目である大宇宙《だいうちゅう》御貴主愛《うがたがなし》様と、天御柱《あめのみはしら》の一神《いっしん》様を示す火之大神《ひのおおかみ》様を除き、一神《いっしん》様、三神《さんじん》様から一五神《じゅうごしん》様までを七段階に分けて行列式をつくってみましたが、まさに正解であったことが証明されました。

現在、我々人類は、三次元＋時間の四次元世界に住んでいます。行列式から御神《おんかみ》様の次元まで、手に取るように理解できます。

また、数学における行列式でも七次元は直接解くことができません。次元を三次元に下げて初めてスカラー計算ができます。自然科学の数学と御神様《おんかみ》の配列は全く同じものであり、三次元（三行、三列）に直さないと行列式は解けないという現実との符号にも驚嘆します。

◎物理の話

前記の行列式の頭の部分に直線を引き、線対称に行列を反転させ、すべての値にマイナスの記号を付けたらどうなるでしょうか。これこそ、物理学等でいうところの反物質の世界ではないでしょうか。

◎反物質の世界

このように、反物質の世界の行列をイメージしたことにより、反物質の世界も見えました。この方法で、今一度、岩絵の輪とこれに接する天御《あめのみ》柱《はしら》に注目してみましょう。天御《あめのみ》柱《はしら》と輪の接点を点対称、あるいは線対称として右に輪を反転すると、数学でいう無限の記号となります。輪はやはり無限を示していることが証明されました。

ここまでは数学の話になってしまいましたが、次に天文学について述べます。

◎宇宙空間の開閉

Ⅲの絵、輪に注目して下さい。輪の前に立っている我々側の世界を四次元世界とします。意識を輪の中、つまり岩の中に進入させます。岩の中は空洞とすると、岩というシェルターにより空間は閉じていることを意識は実感します。この閉じた空間への出入り口は、輪である点です。この点は輪であるので、開いたり閉じたりできると思われます。

さて、入れない世界である岩の世界へは意識で侵入し、空間が閉じていることを知りました。

では、我々の立っているこちらの世界はどうかを探ってみましょう。今仮に、我々のいるこちらの空間を、輪の命令により極小に漸近《じゅんきん》させ、目の前にある岩と同じ大きさにしたらどうでしょうか。こちらの世界も閉じている可能性を十分指摘できると思います。この岩絵はそれを予言し、啓示《けいじ》していると思われます。

現在、天文学の世界では、観測機器の発達により宇宙が過去に比べてどんどん広がっていますが、平和が進行し、さらに天文学が進み、七次元の御神様《おんかみ》の世に近づいた時には、この宇宙は閉鎖していることが証明されると思います。

これを探る思考過程で、こちらの世界はそのままにして、岩を輪の命令により無限大に大きくした場合でも、岩は閉じた空間であったのですから、相対するこちらの空間も閉じていると思われます。

この岩絵は、これまでに述べてきたことを示唆しているものと思います。

◎化学について

私は化学が苦手です。しかし、少し考察を加えます。

理科年表による元素記号一番は、水素です。記号はHで、原子量は一・〇〇七九四です。

酸素は、第八番目で、元素記号はO、原子量は一五・九九九四です。

◎元素記号Hを探します

(1)Ⅱの絵、天御柱《あめのみはしら》の縦の線一本を抽出します。これをHの右の縦線とします。
(2)Ⅲの絵、輪の上縦線—をHの水平線から上の縦の線として抽出します。同じく下の線を抽出します。輪は、この時点では、上の線と下の線を結ぶ役目とします。これでH

の左の線はできました。

(3) Hの横の線は、Ⅲの絵において輪を極小とし、点として扱い、横一列に有限に連なっていただきます。これにより横の線分が描けました。輪の左のはみ出した部分は輪に吸収させます。

以上により、アルファベットのHが描けました。

次に、原子量の数字を見出せるのか検討します。

(4) 一は、右(2)の方法により一とします。

(5) 小数点は、輪に担ってもらいます。

(6) ○《ゼロ》は、輪を二という数字の指示により二度続けます。従って、○○《ゼロゼロ》です。

(7) 七は、輪の指示に従って、右を読むと七となります。

(8) 九は、Ⅲの絵二とⅡの絵、右七を加えて九となります。

(9) 四は、Ⅱの絵二を輪の指示により二倍して四となります。

(10) これにより、Hを描いたポジションの絵である数字を用いただけで水素の原子量が描けました。

(11) 結果は、一・○○七九四。みごとに探索できました。

⑿原子番号一がどこにあるのか。天御柱《あめのみはしら》一を原子番号一と思っておきます。

◎元素記号Oを探します

輪そのものがOです。改めて探すこともないでしょう。

◎次に、酸素の原子量は見出せるのでしょうか

酸素に絡むことなので、Oである輪に接した数字で組み立てます。

1. Ⅲの絵は、数五です。輪を掛けるとし、輪の中三と五を掛けて一五とします。
2. 小数点は、輪に担っていただきます。
3. 九は、輪の中三を輪の外二により、輪により二乗します。九となります。さらに、輪の中三の指示に従い、三度用います。これにより、九九九となります。
4. 四は、輪の外二を輪により二倍あるいは二乗せよとの指示により、四となります。結果は、右の如く、必要な数字と小数点は揃いました。

一五・九九九四

探索できました。

◎原子番号八は見出せるのでしょうか

Ⅲの絵において、輪の中の三を〇《ゼロ》として、輪の外を二とします。輪の中の三を輪の指示により、二倍します。六です。輪の中を六と仮定して、外の二を輪の指示により和をとりますと八となります。他の組み合わせもあると思いますが、原子番号八を見つけることができました。

◎H_2Oについて

人類その他の生物にとって最も大切な水が表現されていたことは、驚異という以外ありません。それも、原子番号、原子量が完璧に表現されていました。

◎アルファベットについて

「H」という文字は、「ア」という文字です。

アヒル草文字の「ア」は、「エ」と書きます。九〇度回転すると「H」になります。輪を用いてHという文字を作りましたが、無理して横棒の突き出た部分をなくす必要もなかったと思われます。

◎今一度物理の世界へ戻ります

アインシュタイン博士の相対性理論でお馴染みの、E＝MC²の公式は発見できるのでしょうか。E、M、Cの文字を探します。

1. Ⅰの絵、天御柱《あめのみはしら》と下から三本の枝である三神様《さんじん》を用います。斜体のEの文字が出現します。

2. Ⅲの絵、輪の中の三を表す絵に注目します。輪の中は融通無碍《ゆうづうむげ》でありますので、この三のマークを輪の外の二で真ん中で割ります。逆さV二つとなります。このVを繋げるとWという文字となります。これを逆さにすればMという文字になります。質量を厳格に捉えてMとなっていますが、Wはウエイトを示しているとも考えられ、Wのままでも可能とも思われます。強引なようでありますが、ともかくMという文字はできました。

3. Cは、Ⅲの絵の輪を用います。輪は、変幻自在《へんげんじざい》、融通無碍《ゆうづうむげ》なので、Ⅱの絵との接点を上下にスライドさせて輪に隙間をつくります。Cという文字ができました。

4. 輪は元々、二がついており、二乗とします。

以上の結果、

E＝MC²、ただし、C=2.99792458×10⁸m・s⁻¹

の公式を示すことができました。
もちろん、Eはエネルギー、Mは質量、Cは光速を示しています。

御神様《おんかみ》の話に再び戻ります

1. 神棚に御神様《おんかみ》をお祭祀する場合
(1)真ん中中央に「水」をお供えします。この岩絵にも真ん中に水を示す「H_2O」がありました。
(2)この岩絵の真ん中は、Ⅲの絵であり、その中心である輪の中は三です。神棚も中心に、「水」、「塩」、「米」をお供えします。この岩絵の状況と合致します。
(3)次に、この岩絵の輪には上下に一が各々付いています。合わせて二です。神棚には、お神酒《みき》を一合ずつ酒器に入れて奉げます。ここまでに捧げた物の数は五です。この岩絵の数も五を示しています。
(4)神棚には、一対(二束)のお榊《さかき》(榊《さかき》以外の場合もあります)をお供えします。数は二です。

以上で五＋二で七となり、天七神《あめのしちしん》様とも合致します。神棚のお供えの数もぴたりと一致しました。

2. お供え物に敷く半紙の重なりの数と御神《おんかみ》様の次元の一致。

3. 三方《さんぽう》の上に、三枚の半紙を特別な折り方で折り、片側に五段のズレ（梯子）をつくります。半紙の重なりは六枚となります。その上に、水の場合は器に入れて、また、塩と米は皿に載せて、六枚重ねの半紙の上に置きます。上に載ったお供え物の「水」、「塩」、「米」そのものが七段目（七次元）となり、一五神《じゅうごしん》様（一六神《じゅうろくしん》様）を数えた七次元とぴたりと一致することが確認できました。

別途、御神《おんかみ》様に果物などをお供えする時も六重に重なった半紙の上にお供えします。お供え物自体が七次元の御神《おんかみ》様のおつくりになったそのものといえます。従って、昔の人々は物を大切にしなさい、粗末にするなと言ってきたのが、心底理解できました。

右の半紙の折り方は、上原保江先生を通じて金城良直先生よりお教えいただきました。お二人の先生ともども「正しい祀り方、正しい作法を励行しませんと神様に通じません」と、常日頃私達に注意を喚起していただいています。

4. 正しい神棚のお祭りの仕方は、上原保江先生にご指導いただきました。上原保江先生は、沖縄出身の最も優れた神通力者・金城良直先生にご指導いただいたとのことです。学んだことを我々下々に惜しげもなく、直にご伝授下さいます。その御陰で、御神様《おんかみさま》のことが私なりに理解（もちろん、不足ではありますが）できたことを記しておきます。

また、安藤妍雪先生にも神様のことについては多大なご示唆を賜りました。

5. 日本の正しい神道《しんとう》は、ただ単に太陽は拜んできていないものであることに気付かされました。「水之神《みずのかみ》」様をも崇拝《すうはい》してきたことがわかりました。天照《あまてらす》とか、太陽とか、日輪《にちりん》とかに惑わされてきたために、正しい道を見失っているのが現代人ではなかろうかと思います。

日本の御神神様《おんかみがみさま》は、宗教ではなく科学そのものであり、真理そのものであることがこれまでの考察で明らかになったと思います。岩絵の輪の中こそ「ありてあるもの」、本当の御神神様《おんかみがみさま》のおわすところであることを悟りました。

分子・原子について

1. 分子について

Ⅲの絵で、輪の中に三を示す図形がありますが、輪の中は水そのものを示しており、目を中心に左に九〇度回転すると、天界《てんかい》（天《あめの》御《み》柱《はしら》）から滴る水滴の形そのものであることがわかります。また、この輪の中三を示す記号こそ、水の分子を示すHが二つ、酸素が一つの計三の分子から成り立っているとの明示とも符号します。

2．原子について

輪そのものが光を明示しており、輪の中の原子核の周りを回っている電子を表しているものと思われます。

御神様《おんかみ》の話

光と水がクロスするところが御神様《おんかみ》であるといわれています。輪は光を表し、その中に水が表されています。これこそ、天《あめの》御《み》中主《なかぬしの》大神《おおかみ》様を示していると思われます。

また、この輪は太陽を示しています。天《あめの》御《み》柱《はしら》の線が夏至《げし》を示しています。輪の上を出発（六月三〇日）して左回りに行くと、縦の線一二月三〇日、即ち古代の大晦日に当たります。上の縦線から下の縦線までが閏《うるう》日《び》を示しています。中間点が冬至《とうじ》に当たります。下の曲線は、一月一日から六月三〇日の夏至《げし》までの太陽の運行を明示しています。

また、太陽の運行軌跡《きせき》である光を示し、光速を示していることに気付かされました。

不思議な話

吉田信啓氏の著書「ペトログラフ・ハンドブック」の写真の頁を見ていたら、見開き二頁で左下半分に「幣立神宮《へいだてじんぐう》の旧御神体《きゅうごしんたい》である岩絵」、その上に「安閑《あんかん》神社の岩絵」、右上半分に「北九州市門司区羽村町の岩絵」、右下に「熊本の岩絵」が四等分に綺麗に掲載されていました。

この時点で、右頁の「羽村町の岩絵」と「熊本の岩絵」の意味については、私は完全に解明していましたが、「幣立神宮《へいだてじんぐう》の岩絵」を改めて観たところ、一瞬にして解明することができました。

メモをとろうとして、この見開きのページをコピー機にかけて複写をしました。コピー機のスタートボタンを押した瞬間、閃光が走り、目を覆いました。仕事で幾度となく使用しているコピー機ですが、初めての経験でした。コピーの結果は、見開き左半分のページである、幣立神宮《へいだてじんぐう》の旧御神体《きゅうごしんたい》である岩絵と安閑《あんかん》神社の岩絵の頁は真っ白で、何も写っていませんでした。右半分の岩絵二枚の写真だけが複写されていました。

この現象を御神《おんかみ》様の啓示《けいじ》として受け止め、意味を探ってみました。幣立神宮《へいだてじんぐう》の岩絵の意味が解らなくなって悠久《ゆうきゅう》の時が流れ、今ここに至り、意味の解った私に対し、御神《おんかみ》様がお喜びいただき、啓示《けいじ》を与えていただいたのだと思います。

いま一つ、羽村と熊本の岩絵は、北斗七星の記憶と憧れを岩に御神神《おんかみがみ》様として表現していますが、幣立神宮《へいだてじんぐう》の岩絵や安閑《あんかん》神社の岩絵は御神神《おんかみがみ》様の表現形式が異なり、なかなか解き明かすことが困難と思っていましたが、私が何とかこれを解くことができたので幣立神《へいだてじん》宮《ぐう》と安閑《あんかん》神社の岩絵の御神神《おんかみがみ》様が自らお喜びになり、御神神《おんかみがみ》様が啓示《けいじ》としてお姿（写真）をお消しになった、と思いました。

このことにより、幣立神宮《へいだてじんぐう》の旧御神体《きゅうごしんたい》が世界で一番古い岩絵であることがわかりました。

また、安閑《あんかん》神社の岩絵は天地が逆になって（吉田信啓氏の前掲著書中）安置されています。

作成年代の特定

1. この岩絵の作成年代は、今から約七〇億年前です。岩そのものの生成は、何百億年の昔です。
2. 作成者は、火之大神様《ひのおおかみ》と思われます。
3. 作成方法は、レーザービーム（アーク）のようなもので岩に絵をうっすらと焼き付けました。
4. この岩絵と同じ物質の岩は地球上にまだいくつもあり、今後それらの岩は世界各地で発見されるでしょう。当然、これらは隕石です。この岩絵が日本にある理由は、火之大《ひのお》神《かみ》様のおわします天界から、地球誕生後、地表の温度が下がり、岩として存在できる時期に地球に届くように放たれたものです。特に、この岩絵は日本に届くように放たれたものなのです。

岩絵となっているのは、この幣立神宮《へいだてじんぐう》の旧《きゅう》御神体《ごしんたい》の岩絵唯一つです。比較の対象とした対馬で発見された石の標本は、この隕石の一部であると思われます。

5. 今後の見通しとしては、幣立神宮《へいだてじんぐう》の旧御神体《きゅうごしんたい》の岩絵を直接調査させていただき、C14等の減衰期を測定すれば、約七〇億年前から約四五億年前頃に線刻された岩であると証明されるでしょう。また、岩絵と同様な隕石の生成年代は何百億年の昔であると判断されるでしょう。科学者の皆様は、ぜひ挑戦してみて下さい。

6. 岩絵の完成時期は、はっきりとはしません。地上に人類が誕生していつの頃か旧御神《きゅうごしん》体《たい》の岩絵を誰かが発見し、ヒヒイロカネの先の尖った鏨《たがね》でうっすらと描かれていた線を、はっきりとした線で彫り上げたものです。

7. 幣立神宮《へいだてじんぐう》の創建は、今から約一万五千年前だそうです。旧御神体《きゅうごしんたい》の岩絵があったればこそ、神社にしたものと思われます。岩絵自体は、人類誕生から程なくして発見されたと思われます。数十億年大切に保管されてきたのでしょうが、今から約一万五千年前以降に天変地異があり、この岩絵は地下に埋れてしまったのでしょう。探しても見つからないので致し方なく過去の記憶を辿り、現在の御神体《ごしんたい》を彫り上げたのでしょう。現代に至り、吉田信啓氏により地下に埋れていたものが発見され、再び地上に出現しました。

この岩絵だけは、地球の大気圏で燃え尽きることのないように、耐熱カプセルに入れられて天界より放たれた人類への贈り物であり、まさに「謎のアーク」なのです。

なお、以上の内容は火之大神様《ひのおおかみ》よりご啓示賜りました。

三つの宝

この岩絵について金城良直先生とお話をした折、火之大神様《ひのおおかみ》からお言葉があり、この岩絵は神様から人類への贈物であると申されました。実に納得のいくお言葉です。

このことから、人類にとって三つの宝があることがわかりました。

一番目は、

関西のある神社に最も大切な石碑《せきひ》があり、その意味がわかった段階でそれが一番大切な宝であることを知りました。

二番目は、

この幣立《へいだて》神宮の岩絵です。

三番目は、

現在解きつつある御神神《おんかみがみ》様の仕組です。

具体的にはまだ皆様にお知らせすることができません。
幣立神宮《へいだてじんぐう》の岩絵については、本書にてお知らせできて幸いです。
他の二つの宝に関しましては、今しばらくお待ち下さい。

第二章　御崎神社唐桑古碑の意味を解明する

〜宮城県気仙沼市唐桑町

はじめに

唐桑古碑《からくわこひ》を解明するにあたり、唐桑古碑《からくわこひ》の写真２０１を掲載します。

写真201 唐桑古碑《からくわこひ》

上段に拓本写《たくほんうつし》（「日本古代文字考」落合直澄著）を図２０１として、下段には同著による「阿波文字」を表２０１として掲載します。なお、安藤妍雪先生によれば、現在のところどの天皇《すめらみこと》がお作りになった文字であるかは不明であるとのことです。

図201 唐桑《からくわ》古《こ》碑《ひ》拓本写《たくほんうつし》

表201 阿波文字

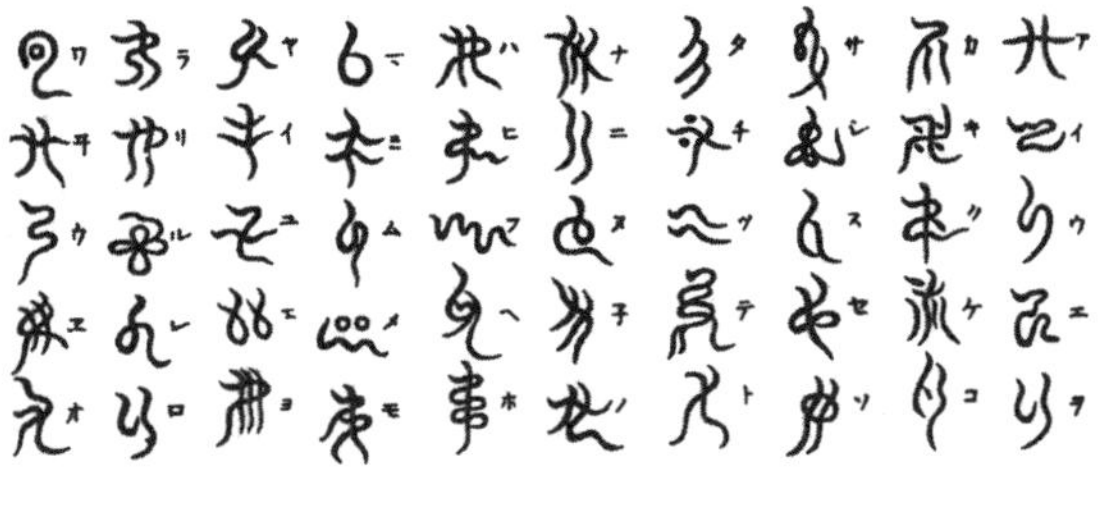

結論

1. 古碑《こひ》の形
鯨《くじら》の男根と判断しました。

2. この古碑《こひ》は一体何でしょうか。
鯨《くじら》の豊漁を感謝する古代の神社の御神体《ごしんたい》そのものか、それを説明するための石であると判断しました。つまり、古代における盤座《いわくら》の一部であったと判断します。

3. 書かれている文字は何文字でしょうか。
五文字のうち、上二文字と下二文字の計四文字は、阿波文字です（「歴史読本」指摘の通りです）。また、真ん中の一文字は、上古第一代天《あま》日《ひ》豊本《とよもと》葦牙《あしかび》気《け》皇主《きみぬし》天皇《すめらみこと》のお作りになったアヒル草文字に間違いありません（これも「歴史読本」指摘の通りです）。

4. この古碑《こひ》の神代文字は、クシエラツカと読みます（落合直澄氏の読みは、クエラツカであり、これでは不足していて意味が通じません）。

5. この五文字は何を表しているのでしょうか。

天三神《あめのさんじん》様、天五神《あめのごしん》様、天七神《あめのしちしん》様、天九神《あめのきゅうしん》様、天一二神《あめのじゅうにしん》様、天一五神《あめのじゅうごしん》様、天一《あめのじゅう》六神《ろくしん》様、全体で天諸神《あめのしょじん》様を表しています。

6. この古碑《こひ》の作成年代は、紀元前六七九九三年頃です。

7. 設置場所は、当初より、宮城県気仙沼市唐桑町《からくわまち》御崎《おさき》神社境内《けいだい》であると判断しました。

結論の証明

1. 古碑《こひ》の形

鯨《くじら》の男根と判断したのは、はじめに照会した文献のこの古碑《こひ》の拓本《たくほん》と思われる外形が、いずれも鯨《くじら》の男根に似ているからです。鯨《くじら》の男根の写真を載せるのは憚《はばか》られるので、載せません。

2. この古碑《こひ》は何か

古代神社の御神体《ごしんたい》は石であり、盤座《いわくら》と呼ばれていました。日本各地に残っています。神社には建物はなく、あくまで盤座《いわくら》で御神神様《おんかみがみ》を祭っていました。盤座《いわくら》であるとするならば、この古碑《こひ》は説明のための碑文《ひぶん》であり、他に何も書かれていない石が真の御神体《ごしんたい》であり、まだ掘り出されることなく土の中に眠っているとも思われます。

3. 書かれている文字は何文字でしょうか

書かれている文字に符号をふります。上から順にa、b、c、d、eとします。

a b c d e

(1) aの「〓」この文字を解析します。

落合直澄氏の「日本古代文字考上巻」二九頁に阿波文字のコード表が示されています。

この「〓」の文字は「ク」に該当します。この「ク」に似た文字が同じコード表にあります。第一は「ヒ」を表す「〓」であり、第二は「モ」を示す「〓」です。

三文字ともによく似ています。「モ」を示す「〓」は、他の二文字に比較して最後のカーブが右上に跳《は》ね上がっているので区別はつきます。しかし、「ク」と「ヒ」を示す「〓」と「〓」は実際にはよく似ており、「ク」を示す「〓」の文字に点を打って「〓」＝「ク」としています。「ク」よりも「ヒ」の文字の方が後であり、むしろ「ヒ」＝「〓」の文字に点を打って区別すべきかと思います。実際には、「〓」の文字は点がなくても「キ」の文字との区別はつきます。なぜならば、最後の曲線が縦の線との交わり方が微妙に異なるからです。

「キ」の文字は櫛《くし》の象形文字であると思います。神代文字は表音文字であり、一字一音が原則ですが、この場合、点を打って「クシ」と二音読めとの指示であると思われます。「クシ」と読まないと辻褄《つじつま》が合いません。この古碑《こひ》を作成した神官は、これを意図して書いたに違いありません。

(2) bの「ヌ」この文字を解析します。

コード表では「ヱ」となっています。「栄」か「柄」の意味と思われます。

(3) cの「共」の文字は、上古第一代の天皇《すめらみこと》のアヒル草文字で「ラ」と読み、この一文字だけが書体が異なり別格に扱われています。上下の中心に位置し、重要な意味を持たせていますが、これについては後述します。

(4) dの「⌒」の文字を解析します。

コード表では「ツ」となっています。これは、対《つい》、番《つが》いの「ツ」であると思われます。

(5) eの「爪」の文字を解析します。

コード表では「カ」となっています。川の象形文字と思います。従って、「カ」となります。

4. この古碑《こひ》の神代文字の読み

クシエラツカと読みます。落合直澄氏の読みは、クエラツカであり、文字のまま素直に読めばその通りですが、意味はとなると、「久栄等塚《くえらつか》」と思われます。

確かにこの意味もあると思いますが、これだけでは能がありません。「クシエラツカ」と読む理由は、塚の形が鯨《くじら》の男根を象徴しているからです。「クシ」とは櫛《くし》を意味し、「エラ」は柄等《えら》を意味し、通して「櫛柄等《くしえら》」となり、髭鯨《ひげくじら》の歯の状態を形容しています。鯨《くじら》は、この髭《ひげ》でオキアミや魚を海水から濾《こ》して食べています。だからこそ、単に「久栄等《くえら》」ではなく「櫛柄等《くしえら》」とならなければなりません。さらに、この「クシエラ」の言語の「シ」が「ジ」となり、「ヱ」が欠落して「クジラ」と変化し、現代に至っているものと思います。

以上により、「クシエラ」は「クジラ」＝「鯨《くじら》」の語源であったことがわかります。

5. この五文字は何を表しているのでしょうか。

天三神《あめのさんじん》様、天五神《あめのごしん》様、天七神《あめのしちしん》様、天九神《あめのきゅうしん》様、天一二神《あめのじゅうにしん》様、天一五神《あめのじゅうごしん》様、天一《あめのじゅう》

六神様《ろくしん》、全体で天諸神様《あめのしょじん》を表しています。これらの御神神様《おんかみがみ》を、具体的にこの古碑《こひ》の碑《ひ》文《ぶん》から探し当てることとします。この作業をする前に、この碑文《ひぶん》の文字の画数を文字の左側に記します。ただし、真ん中の「井」の文字は特別であるので画数は記しません。

符号	a	b	c	d	e
碑文	キ	夕	井	⌒	尓
画数	三	四		二	三

6. 天三神様《あめのさんじん》

aの三画、eの三画を示すキや尓これにも天三神様《あめのさんじん》は表されていません。では、どこに表されているのでしょうか。特別な文字「井」の位置に注目します。上から数えても三、下から数えても三となります。「井」の文字そのものが天三神様《あめのさんじん》です。従って、中央に鎮座しています。これにより、天三神様《あめのさんじん》を特定できました。また、井の形の縦真ん中三つの空間を当てることができるとも思えます。

7. 天五神様《あめのごしん》

この碑文《ひぶん》の下二文字に注目します。d⌒は二画、eの尓は三画。下二文字の画数の合計は五となります。下の二文字が天五神様《あめのごしん》を表しています。これで天五神様《あめのごしん》は特定できました。

8. 天七神《あめのしちしん》様

右7同様、今度は上二文字に注目します。a⺘は三画、b癶は四画。上二文字の画数の合計は七画となります。従って、上二文字で天七神《あめのしちしん》様を示しています。

9. 天九神《あめのきゅうしん》様

画数を数えても見つかりません。真ん中のc井の文字に注目します。井の形に区切られた平面は九です。天九神《あめのきゅうしん》様はここに表現されています。

10. 天一二神《あめのじゅうにしん》様

a⺘の三画、b癶の四画、d⺆の二画、e⺇の三画の合計が一二画となり、この碑文《ひぶん》の真ん中を除いた上と下に天一二神《あめのじゅうにしん》様が表現されています。

11. 天一五神《あめのじゅうごしん》様

天一五神《あめのじゅうごしん》様は、天三神《あめのさんじん》様（碑文《ひぶん》真ん中）、天五神《あめのごしん》様（碑文《ひぶん》下）、天七神《あめのしちしん》様（碑文《ひぶん》上）を加えると天一五神《あめのじゅうごしん》様となります。

12. 天一六神《あめのじゅうろくしん》様

特に表現されていませんが、この御神《おんかみ》様は自由奔放な御神《おんかみ》様であり、決まった場所におわすのがお嫌いで、常に自由で拘束されない場所におわします。五文字を彫るために石の面を平にしたその場所におわします。

13．天御中主大神様《あめのみなかぬしのおおかみ》はどこに表現されているのでしょうか。

天御中主大神様《あめのみなかぬしのおおかみ》は、真ん中の「井」の文字の真ん中四角い場所に表現されています。以上、この古碑《こひ》に表された御神神様《おんかみがみ》は「天《あめの》」と呼ばれる御神神様《おんかみがみ》に限られているようです。

14．この古碑《こひ》の作成年代

捕鯨の歴史を調べてみますと、約五千年昔に遡れるようです。北九州市門司区淡島神社にある岩絵、山口県下関市杉田岩刻画等は、いずれも直接的に北斗七星を描いて神界《しんかい》と人の惟神《かんながら》の関係を純粋に示しています。やや時代が下がると思われますが、滋賀県高島市の安閑《あんかん》神社の岩絵は北斗七星を描くことなく御神神様《おんかみがみ》を表現しており、まだ御神様《おんかみ》と人の繋がりの濃い時代のものと判断できましたが、今、この古碑《こひ》の題材を思いますと、神代文字を用い、人の糧《かて》となる「くじら」を御神様《おんかみ》に被《かぶ》せており、即物的と判断しようと思いましたが、どうやらそうではなく、あくまで純粋に「くじら」に感謝するとの意味の方が強いのではないでしょうか。

この時代は、食用としての捕鯨ではなかったようです。冷蔵庫・冷凍庫のない時代に、鯨一頭の肉を腐敗しない一日か二日の間に食してしまう程の人口を抱えた集落があったとも思われません。鯨油を採取することが目的であったと思われます。古代の捕鯨は、やはり鯨油が目的であり、肉は食さず沖に引っ張って行き、魚の餌にしたとあります。年代としましては、当初天岩戸隠れの時代とも思いましたが、さらに五千年も古く、紀元前六七九九三年頃と思われます。

ただし、年代は確定したものではなく、一応の推定としておきます。さらに別項で考察します。

15. 設置場所

この古碑《こひ》の設置場所は、落合直澄氏によれば、江戸時代伊勢云々と他所からの移設を照会していますが、宮城県気仙沼市唐桑町《からくわまち》の地図を俯瞰《ふかん》すると、西に元の気仙沼市、北に陸前高田市が位置し、それぞれ良港、良湾があります。この唐桑町《からくわまち》も御崎《おさき》岬《みさき》と大前見島、小前見島の間に良湾があり、大小前見島と御崎《おさき》神社のある岬との間で捕鯨が頻繁に行われていたことが想像できます。捕鯨のための大小前見島であったと思います。

従って、この古碑《こひ》はこの地で最初から作成され、設置されて今に伝わってきたものと思われます。

考察

1. 神代文字の用字配列は、完璧であるといえます。アワ文字とアヒル草文字の使い分け、各文字の画数等、すべて計算し尽くしたうえでこの碑文《ひぶん》が作成されていることは驚嘆に値します。

これを作成した神官は、大変優れた神官であったといえます。古代の人々が捕鯨を通し、鯨《くじら》の髭《ひげ》の特色からその動物の名前を「クシエラ」と呼び、「クシエラ」から「シ」が「ジ」に濁り、「エ」が欠落して「クジラ」となった言語学的変遷も証明できました。

また、この古碑《こひ》の碑文《ひぶん》の二文字目に「シ」を示す「𛁇」の文字を書いたとすると、すべて壊れ、御神神様《おんかみがみ》の数が狂ってしまいます。そこでこの古碑《こひ》の碑文《ひぶん》の作成者は、一文字目を「クシ」と読ませるようにしたものと推定して論を進めました。大きな矛盾はないと思います。日本の古神道《こしんとう》における惟神《かんながら》の道が、純粋な人と御神様《おんかみ》の精神的繋がりから、即物的、唯物的な人間の思考過程への変遷を示す重要な証拠であると思います。

しかしながら、この古碑《こひ》の碑文《ひぶん》を考えた神官は天御神神様《あめのおんかみがみ》の仕組を忘れることなく忠実に表現した優れた神官でした。

2. 即物的、唯物的と表現しましたが、果たして真にそうでしょうか。歴史の必然性を考慮すると、やはりそこには秘められた意味が存在するのではないでしょうか。では、それは何か。人が御神様《おんかみ》を通し「クジラ」に感謝する意味は何なのでしょうか。

前述したように、古代においては、肉を食するために捕鯨は行われていたのではないようです。肉は食さず油を採ることが目的であったようです。では、そんなに鯨油《げいゆ》が必要であったのでしょうか。

3. 天照大神《あまてらすのおおかみ》様の天岩戸《あまのいわと》隠《がく》れの原因である、ガス星雲の地球への衝突が想念されます。約一千年間、漆黒《しっこく》の世界。胡麻《ごま》油《あぶら》、菜種《なたね》油《あぶら》は植物が育たないので採取不能です。朝晩、御神神様《おんかみがみ》への祭祀《さいし》には灯明《とうみょう》としての油が必要不可欠です。穏やかに燃える鯨油《げいゆ》は祭祀《さいし》には欠かせない必需品でありました。激しく燃える篝火《かがりび》では祭祀《さいし》には不向きであり、用いてはならないそうです。祭祀《さいし》に必要な鯨油《げいゆ》を得るため、捕鯨の必要性が存在したと思います。

沖縄では、クジラを「ヒツウ」というそうです。「ヒ」は火であり、「ツウ」は取るという意味だそうです。鯨油《げいゆ》を取るための捕鯨が沖縄にも残っていたことが窺われます。

4．この古碑《こひ》の作成年代は、紀元前六七九九三年頃ではないでしょうか。もちろん、最終的には科学的年代測定に委ねたいと思います。

第三章　拝石山の岩絵の意味を解明する

〜熊本県熊本市河内《かわち》

拝石山について

通称 拝石山《おがむがいしやま》は、熊本県熊本市河内《かわち》にあって、熊本市街から北西方向に位置し、山名も正式にはないそうです。山の際の舗装された道をくねくねと走り、右折して脇道に入ってから左脇の農協の駐車場に車を止めさせていただき、右手に拝石山《おがむがいしやま》の案内看板を、右方向に木立の中の山道を徒歩で登って行くと、しばらくして丸太で段を作った参道に出ました。

これを登ること二五〇m。大きな盤座《いわくら》が出現しました。いったんこれをやり過ごし、さらに八〇m程登ると頂上にでました。蒸し暑くて藪蚊《やぶか》が多く、刺されて閉口しました。

拝石山《おがむがいしやま》の見取り図を、図301として掲載します（インターネットサイトより）。

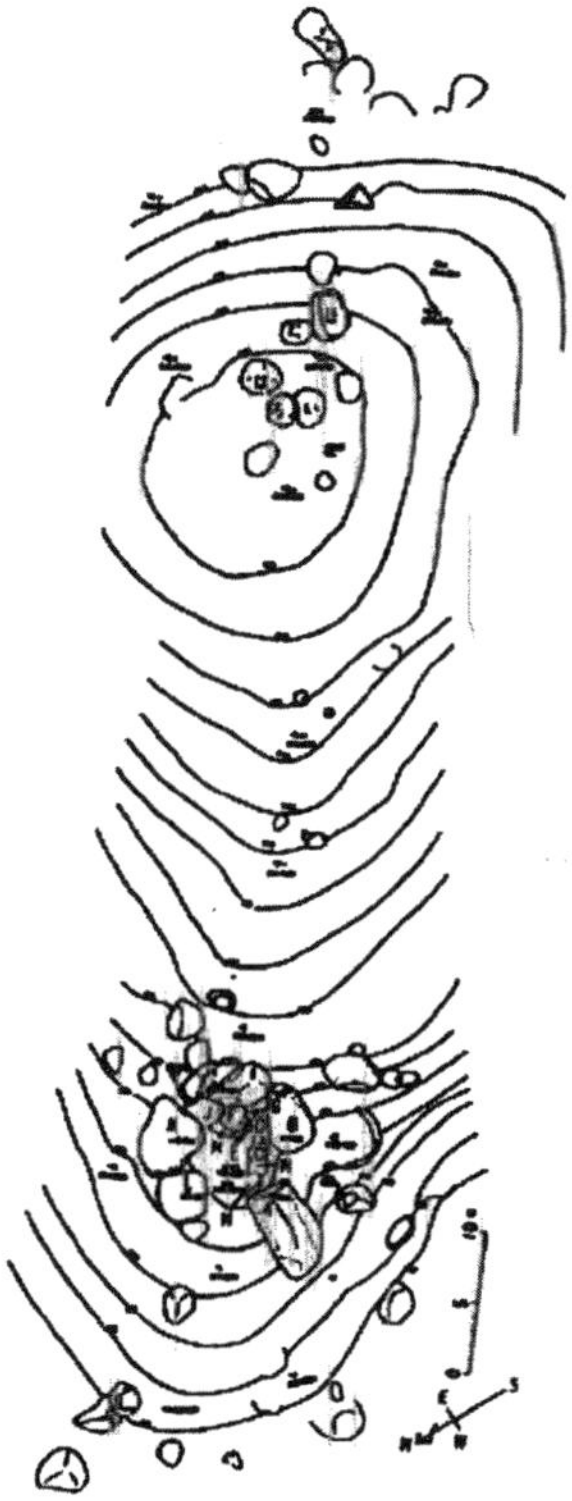

図301　拝石山《おがむがいしやま》の見取り図

山頂の岩絵の意味を解明する

拝石山《おがむがいしやま》の山頂にある岩絵の意味を解明するに当たり、上段にその写真301（「ペトログラフ・ハンドブック」吉田信啓著、中央アート出版社）を掲載します。下段には、「西洋人のいう蛇遣座《へびつかいざ》」の写真を掲載する予定でしたが中止し、空欄とします〈理由は後述〉。読者の皆様は、天文図鑑等を各自でご参照下さい。

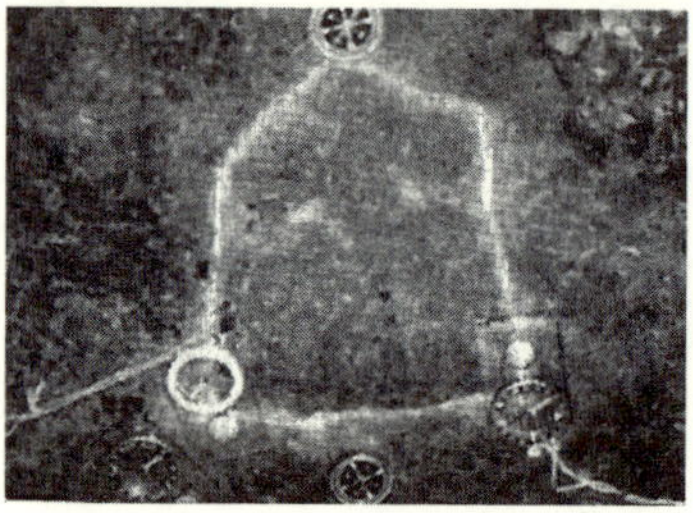

写真301 五角形岩

空欄

写真302「西洋人のいう蛇遣座《へびつかいざ》」

1. 写真301の石に刻まれた絵は、明らかに「西洋人のいう蛇遣座《へびつかいざ》」を示しており、現在の星座の位置と岩に描かれた星星の位置を逆算すれば、描かれた年代が特定できるはずです。歳差《さいさ》によるずれも計算できると思います。

2. なぜ古代の人々は、この星座に興味を示したのでしょうか。該当する星星は、概ね五星を数えることができます。また、概ね五角形であり、天五神《あめのごしん》様を崇めたため、その星座を岩に写しとったのでしょう。

3. この山には、北斗七星の観測結果を岩に刻んだ岩絵もあり、古代の重要な盤座《いわくら》であったと思われます。

4. 火之大神様《ひのおおかみさま》からのご忠告によると、この岩絵は、当時の天五神様《あめのごしん》を崇め称えて描いたもので、神聖なものであり、蛇遣座《へびつかいざ》等と呼んではならぬとのことです。現在は形も変わり、天一二神《あめのじゅうにしん》様の状態であるとのことです。確かに、現在は一二の星を数えることができます。

結果、私の発想は不足でしたので、写真302は掲載せず空欄としました。西洋人が名づけた星座の名前は、神聖《しんせい》な御神神様《おんかみがみ》に対し動物の名前を付ける等のことを、火之大《ひのおお》神《かみ》様は許していないようです。

5. 拝石山《おがむがいしやま》の頂上の盤座《いわくら》の機能について、簡単に触れておきます。

この盤座《いわくら》は、神帰《しんき》、神幽《しんゆう》のための盤座《いわくら》です。盤座《いわくら》の手前が空いています。ここに、人が死んだら太い枝、細い丸太等で床を上げ、囲いを作って遺体を囲み、狼や熊、猪から遺体を守り、三年三ヶ月で完全に白骨化するのを待ち、白骨化したら盤座《いわくら》の手前の岩の上に白骨を置き、岩の上にある数個の石で遺族等が骨を砕き、風葬したと思われます。

これが頂上の盤座《いわくら》の機能です。地三神《ちのさんじん》様、地一二神《ちのじゅうにしん》様が祭られています。仏教伝来以前の日本神道《しんとう》の葬送のあり方を如実に示した遺跡です。

中世の土器片が発掘されたと報告されているようですが、これは仏教伝来後、この地においては風葬が中世まで行われていたとの証拠に他なりません。

もちろん、この盤座《いわくら》が使用されていた時は、下の盤座《いわくら》から頂上には樹木はなくて見通しもよく、風通しもよかったことでしょう。樹木があると死臭が籠《こも》るので、それを避けるためです。

しかし、岩の上に骨を砕く小石が当時のまま伝わって来たことは驚嘆に値します。

作成年代の検討

この盤座《いわくら》に描かれた北斗七星の筆跡から、皇統第一四代国之常立身光天津日嗣天日天皇《くにのとこだちのみひかりあまつひつぎあまひすめらみこと》（竹内文献による）の筆跡であり、この場所は国之常立天皇《くにのとこだちのすめらみこと》の大宮であったと思われます。竹内文書を用いて在位年代を特定します。

皇統第二二代天照天皇《あまてらすのすめらみこと》の崩御の年代は、紀元前六三六九四年です。

皇統第一四代国之常立天皇《くにのとこだちのすめらみこと》から皇統第二二代までの間の天皇《すめらみこと》の各在位年数を求めてみます。なお、各代の世数は竹内文書の「神代の万国史」によります。また、一世は一五年とします。

◎計算

皇統第一四代　二二（世）×一五（年）＝三三〇（年）
皇統第一五代　一八（世）×一五（年）＝二七〇（年）
皇統第一六代　一六（世）×一五（年）＝二四〇（年）
皇統第一七代　一一（世）×一五（年）＝一六五（年）
皇統第一八代　一〇（世）×一五（年）＝一五〇（年）
皇統第一九代　一五（世）×一五（年）＝二二五（年）
皇統第二〇代　一三（世）×一五（年）＝一九五（年）
皇統第二一代　一六（世）×一五（年）＝二四〇（年）
皇統第二二代　一一（世）×一五（年）＝一六五（年）

以上により、九代の天皇《すめらみこと》の在位年数の合計は、一九八〇年です。

◎計算

六三六九四（年）＋一九八〇（年）＝六五六七四（年）

結果として、盤座《いわくら》は紀元前六五六七四年頃に制作されたと思われます。

本題の五角形の岩絵は、皇統第二二代天照天皇《あまてらすのすめらみこと》が崩御された紀元前六三六九四年頃から紀元前六四六九四年の間で、より古い時代に近い頃に、見えない（蛇遣座《へびつかいざ》）五角形で代表される天五神様《あめのごしん》を想念（神応《かんのう》）して描いたと思われます。見えないとの意味は、地球がアンドロメダ星雲の端部に取り込まれたため、太陽光も星星も見えなかったためです。

この岩の磁気は一定の方向を向いておらず、地磁気が乱れていると吉田信啓氏は「ペトログラフ・ハンドブック」で述べています。地球がアンドロメダ星雲の端部に取り込まれたためと、アンドロメダ星雲を地球から剥がす時、大いに地磁気が乱れた痕跡であると思われます。

拝石山における下部盤座の岩絵の意味を解明する

拝石山《おがむがいしやま》の岩絵の意味を解明するに当たり、次頁上段に写真３０３（「ペトログラフ・ハンドブック」吉田信啓著、アート出版社）拝石山《おがむがいしやま》の岩絵を掲載します。下段に図３０４拝石山《おがむがいしやま》の岩絵スケッチを掲載します。このスケッチには、各部位に番号をふりました。この番号により説明していきます。

ただし、実際には上が左で、下が右の状態で、岩の横面にレリーフ状態で描かれています。

さらに、頂上部の盤座《いわくら》の一番手前の組み石にも二箇所描かれています。いずれもレリーフ状態で描かれています。

下部、盤座《いわくら》の右脇横になっている巨石に描かれています。この横になっている巨石は、本来垂直に立っていたと思われます。地震等で倒壊したのでしょう。

もし仮に、この巨石が立っていたとすると、次頁に示す写真とスケッチの状態となります。天七神様《あめのしちしん》を表示するには、これが本来のやり方です。

巨石は五本立てられていましたが、一本が倒れ、手前三本が天三神《あめのさんじん》様を示し、五本で天五神《あめのごしん》様を示し、倒れている石にこの岩絵である天七神《あめのしちしん》様が描かれています。

従って、この盤座《いわくら》は、現世《げんせ》と神界《しんかい》とを結ぶ機能がその使命です。現在でいう神社です。

一方、頂上の盤座《いわくら》は、仏教でいうお寺のお役目です。後代、釈迦《しゃか》はこの頂上の盤座《いわくら》の働きを仏教として説きました。幽界《ゆうかい》のことだけを解いたのが仏教に他ならないのです。

1. はじめに

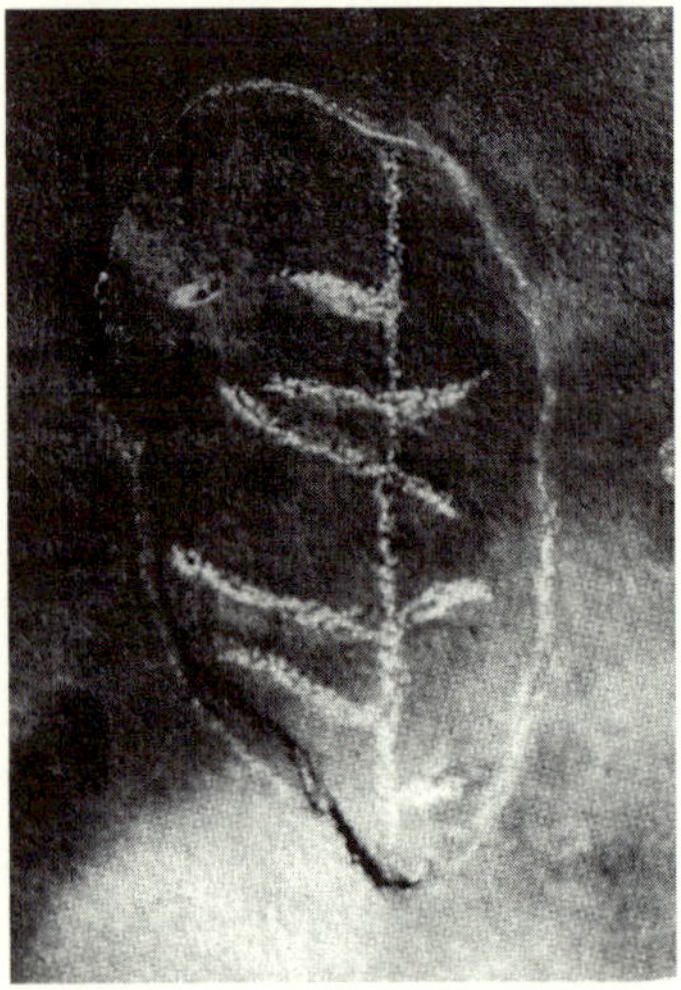

写真303　拝石山《おがむがいしやま》の岩絵

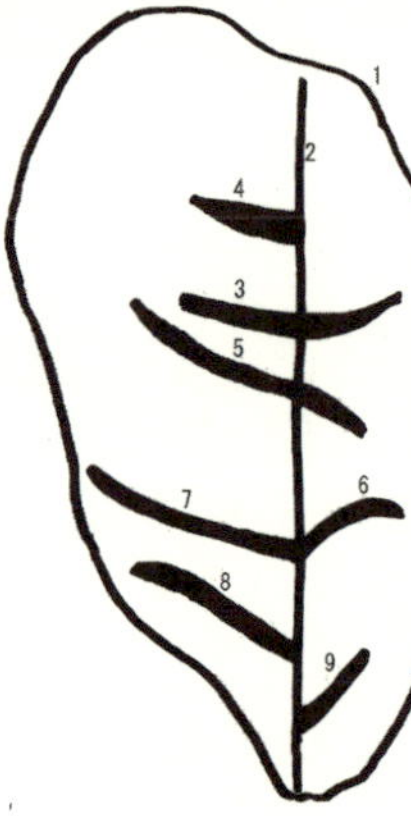

図302　拝石山《おがむがいしやま》の岩絵スケッチ

この岩絵は北斗七星を表現しているようです。拝《おがむ》石山《がいしやま》とは不思議な名称であり、人から拝まれる場所なのか人が拝む場所なのか判然としません。現地を訪れると、その両方であったことがわかりました。

とにかく、この岩絵の意味を解明していきましょう。

2．

下部盤座《いわくら》岩絵の意味を解明する

この岩絵は、北斗七星を葉脈とその葉で表現しており、芸術的にも優れた表現です。この写真撮影の折、撮影者はカメラを水平に構えたと思われますが、水平線が左上がりとなって不思議な構図です。これを見た時、左が上で、右が下ではないかと疑いました。

事実、現地を確認すると、疑問に思っていたことが解決されました。直立していた岩に縦に描画されていたものが、横に倒れていたため左記の疑問となり、問題も解決されました。

また、この筆跡は皇統第一四代国之常立天皇《くにのとこたちのすめらみこと》の筆跡であり、天皇《すめらみこと》御自身が書いたものであるか、または、その関係者と思われます。

番号1は、

「わ」を示しており、我々の住む宇宙を示しています。従って、大宇宙御貴主愛《だいうちゅううがたがなし》様を示しています。

番号2は、

天御柱《あめのみはしら》である「火之大神《ひのおおかみ》様」を示しています。「火之大神《ひのおおかみ》様」は御神神《おんかみがみ》様をお繋ぎする御神《おんかみ》様です。

番号3は、

上位に位置し、3と5の中間に位置しています。さらに、2の天御柱《あめのみはしら》の左右をまたいで中央に位置しています。これは、天御中主大神《あめのみなかぬしのおおかみ》様を表しております。

番号4は、

一番高い位置に描かれています。天高御産巣日大神《あめのたかみむすびのおおかみ》様を示しています。

番号5は、

2の天御柱《あめのみはしら》の左右をまたいで上から三番目に描かれています。これは、天神産巣《あめのかみむす》日大神《びのおおかみ》様を表しています。

以上、上部三本の線刻で天三神《あめのさんじん》様を表しています。

番号6は、

天《あめの》宇《う》麻《ま》志《し》阿《あ》斯《し》訶《か》備《び》毘《ひ》古《こ》遅大神《ぢのおおかみ》様を表しています。

番号7は、

天常立大神《あめのとこたちのおおかみ》様を表しています。

以上で、天三神《あめのさんじん》様に二神《にしん》様を加えて天五神《あめのごしん》様がお揃いになりました。

番号8は、

天国常立大神《あめのくにのとこたちのおおかみ》様を表しています。

番号9は、

天豊雲野大神《あめのとよくもぬのおおかみ》様を表しています。

以上で、天五神《あめのごしん》様に二神《にしん》様を加え天七神《あめのしちしん》様がお揃いになりました。

では、天九神《あめのきゅうしん》様は表現されているのでしょうか。

番号2を中心として左右の線刻を数えると、右に4左に5となります。合わせて九となります。

これにより、天九神《あめのきゅうしん》様は表現されていたことがわかります。

次に、天一二神《あめのじゅうにしん》様は表現されているのでしょうか。

2の天御柱《あめのみはしら》を左右に貫通せず、左右に単独で残っている線刻は、4、8、9で、その三本の線刻を右九神《きゅうしん》様に加えると一二神《じゅうにしん》様となり、天一二神《あめのじゅうにしん》様が表現されていました。

天一五神《あめのじゅうごしん》様は、いうまでもなく七+五+三=一五となりますので、天一五神《あめのじゅうごしん》様は表現されていたことがわかります。

最後に、天一六神《あめのじゅうろくしん》様は表現されているでしょうか。

番号1の葉と、番号2から番号9までの広がった空間に表現されています。空なる御《おん》神《かみ》様で、変幻自在の御神《おんかみ》様でもあるため、固定された場所にはおわしません。

従って、線刻されることはありませんが、他の天一五神《あめのじゅうごしん》様が陣取らない隙間におわします。

天武雷槌大神《あめのたけみかづちのおおかみ》様です。

3. 作成年代

以上の如く、大宇宙御貴主愛《だいうちゅううがたがなし》様、火之大神《ひのおおかみ》様、天一六神《あめのじゅうろくしん》様が表現されており、火《ひ》之大神《のおおかみ》様の存在を知った天照天皇《あまてらすのすめらみこと》以降、仏教伝来以前の時代の間で作成されたと思います。

番号2の先端から番号4までの距離が、その当時の北極星と北斗七星のα星との距離です。番号3から番号9までが、β星からη星まで、当時の北極星を同心円とした距離を示しています。星星間の距離は正確に記録されていると思われます。北斗七星の軌道計算のできる方はぜひ試してみて下さい。

答えは、紀元前六三六九四年頃〜紀元前六二六九四年頃の間で、より古い時代に近い頃に、見えない北斗七星を神応《かんのう》して、つまり紀元前六五六七四年頃にすでに作られていた盤座《いわくら》に北斗七星を刻んだものと思われます。観測の結果を写し取ったと推測しましたが、どうやらこれは不足しており、星星が見えない時代に恋焦がれて神応《かんのう》の結果を記したと改めておきます。

4. 岩絵の目的

何の目的をもってこの岩絵は作成されたのでしょうか。

この岩絵は基本的に天七神様《あめのしちしん》を祭祀《さいし》し、古代の祭政一致のための盤座《いわくら》（現代の神社）の巨石の意味を具体的にわかりやすくした岩絵であると思われます。

5. 結論

拝石山《おがむがいしやま》の岩絵は、北斗七星を借りて天御神神様《あめのおんかみがみ》を表現し、御神神様《おんかみがみ》と人を繋ぐ盤座《いわくら》の巨石の意味をわかりやすく具体的に表現したものです。

また、この岩絵を作成した神官は優れた天文学者であり、作成当時の北斗七星、北極星の関係を記憶の成果とし記録として留めました。

さらに、この岩絵を作成した神官は御神神様《おんかみがみ》の真理を深く理解しており、優れた神官であったと思われます。九本の線を葉とその葉脈にして北斗七星を表現した手法は、優れた芸術表現であり、国之常立天皇《くにのとこたちのすめらみこと》の筆跡を留めた貴重な文化遺産です。

第四章　羽山の岩絵の意味を解明する

〜福岡県北九州市門司区

はじめに

羽山の岩絵の意味を解明するに当たり、上段に写真401（「ペトログラフ・ハンドブック」吉田信啓著、中央アート出版社）を、下段に説明用の図401を掲載します。

写真401　羽山の岩絵

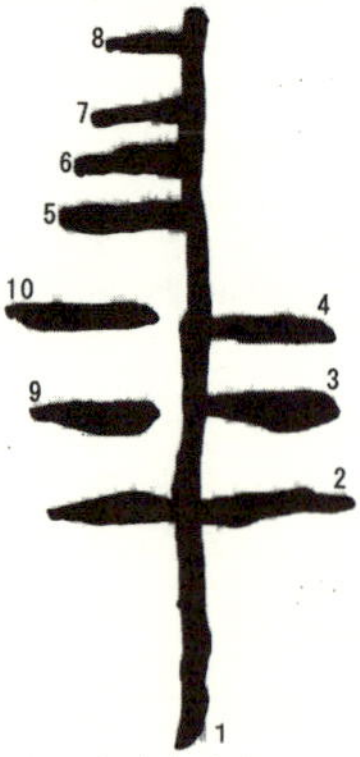

図401　羽山の岩絵スケッチ

岩絵の線の意味

1. この絵の意味を解明するために各線に番号をふりました。

2. この絵は文字ではなく、絵であり記号です。
ただし、一本一本の線は確実に天七神様《あめのしちしん》を示しています。この岩その物が天三神様《あめのさんじん》、天五神様《あめのごしん》、天七神様《あめのしちしん》が宿る御神体《ごしんたい》です。北斗七星を御神神様《おんかみがみ》として崇《あが》め、岩にその御《おん》神神様《かみがみ》を刻み、痕跡を留めました。

3. 図の1の垂直線は、天御柱《あめのみはしら》を示しています。

4. この岩絵の構成は、推定ではありますが、岩の面が北を向いていたと思われます。なぜなら、この絵は、北に向かって北斗七星を見ると左右が逆だからです。
この岩絵は、どうして左右が逆になっているのでしょうか。仮に、現代のように北に向かって写真を撮ったと仮定しましょう。ネガを裏返しにして現像し、それをこの岩に張ったとしたら、左右が逆になり、この岩絵と同じ北斗七星の配列になります。

従って、北・東・西でも構わないわけです。

しかし、南面はあり得ません。なぜなら、岩が南を向いていれば、そのまま目で見た状態を描いても左右が逆になることはあり得ないからです。ポジを張っても左右が逆にならないことは明らかです。

では、最初に戻り、この岩絵は北を向いていたと思われるのに、なぜ左右が逆の絵となったのでしょうか。答えは、これを書いた神官が、この岩と北斗七星の間に立ち、北斗七星を背に受けて、岩に顔を向け、己を介さずに（通過させて、自分の体を無にして）七つの星の光を直接岩に落とし込み、描いたものだからです。あるいは、御神様《おんかみ》が直接岩に天七神様《あめのしちしん》（五神様《ごしん》、三神様《さんじん》を含む）を描いたように演出構成したものとも思われます。答えは後述します。

天三神様の確認

図の1の垂直線より右の2、3、4の御三柱《おんさんちゅう》で天三神様《あめのさんじん》を示しており、1の垂直線より右（上方）に描いた線は、天《あめの》最高神《しん》様を示しています。御柱《みはしら》に繋がる御神様《おんかみ》の数は「三」です。

図の９と10で天三神様《あめのさんじん》と天五神様《あめのごしん》を分けて表現しています。
天三神様《あめのさんじん》は、
天御中主大神様《あめのみなかぬしのおおかみ》
天高御産巣日大神様《あめのたかみむすびのおおかみ》
天神産巣日大神様《あめのかみむすびのおおかみ》
以上で天三神様《あめのさんじん》がお揃いになりました。

図の１の垂直線から右の意味

１．番号２は左右通り抜けているので、左でも御一神様《ごいっしん》と数えます。２、３、４、５、６、７、８までが天七神様《あめのしちしん》を示しています。右に三神様《さんじん》、左に四神様《よんしん》、七神様《しちしん》であることに注意しなければなりません。９と10は、１の垂直線に繋がっていないことに注意しなければなりません。

つまり、１の垂直線より左の線を単純に下から上へ数えても七神様《しちしん》となりますが、これは誤りで、２から４までは右で数え、５から８までを左で数えなさいとの指示であり、９と10は天七神様《あめのしちしん》を数える時は除きなさいとの指示です。

2．天御柱《あめのみはしら》に繋がる御神神様《おんかみみがみ》の数は「七」です。

3．2、3、4まで天三神様《あめのさんじん》がお揃いになりました。

天五神様の確認

1は、左右に抜けており、御一神様《ごいっしん》とします。天御中主大神様《あめのみなかぬしのおおかみ》です。

2は、御一神様《ごいっしん》であり、天髙御産巣日大神様《あめのたかみむすびのおおかみ》です。

3は、御一神様《ごいっしん》であり、天神産巣日大神様《あめのかみむすびのおおかみ》です。

1の垂直線の左に、9と10の各御一神様《ごいっしん》、計二神様《にしん》を確認できます。

しかし、ここで注意しなければならないのは、前項で天七神様《あめのしちしん》を数えた時、9と10の線は除いてあるため、この場合は御神神様《おんかみみがみ》として数えてはいけないと思われます。天三神様《あめのさんじん》は2から4で確認されています。後の二神様《にしん》は本来七神様《しちしん》を数えた、残りの四神様《よんしん》である5から8の中の二神様《にしん》でなければなりません。北斗七星は、第一から第七番まで順番が決まっており、これを遵守すれば、第四番目と第五番目の星に該当します。

では、天七神様《あめのしちしん》を数えた方法で第四番目の星と第五番目の星を数えてみましょう。

1の垂直線の上において、下から上へ2、3、4、第四番目は5、第五番目は6に該当します。つまり、天《あめの》五《ご》神《しん》様を示すために、これを書いた神官は、5を9とし、6を10として天《あめの》五《ご》神《しん》様の絵の中に再登場させて天《あめの》五《ご》神《しん》様を表現したのでしょう。

そしてその際、読む人が誤解しないように1の垂直線と9と10の上部が接して交わらないように工夫し、天《あめの》五《ご》神《しん》様を表現したものと思われます。これは大変なアイディアです。実に敬服に値します。

右2、3、4、9（実は5）、10（実は6）で天《あめの》五《ご》神《しん》様を確認できました。天《あめの》御《み》柱《はしら》の御《おん》神神《かみがみ》様の数は、「五」です。

天《あめの》三《さん》神《じん》様に加える二神《にしん》様は、

天《あめの》宇《う》麻《ま》志《し》阿《あ》斯《し》訶《か》備《び》比《ひ》古《こ》遅《ぢ》大神《のおおかみ》様

天《あめの》常《とこ》立《たち》大神《のおおかみ》様

以上で天《あめの》五《ご》神《しん》様がお揃いになりました。

天七神様の確認

7と8が天五神《あめのごしん》様に加える二神《にしん》様です。

天五神《あめのごしん》様に加える二神《にしん》様は、

天国常立大神《あめのくにのとこたちのおおかみ》様

天豊雲野大神《あめのとよくもぬのおおかみ》様

以上で天七神《あめのしちしん》様がお揃いになりました。

七・五・三の確認

以上の三項目により、天七神《あめのしちしん》様、天五神《あめのごしん》様、天三神《あめのさんじん》様が確認され、いわゆる「七・五・三」を確認することができました。七・五・三のお参りの原点がここにあることがわかります。

ただし、正確にはお参りが原点ではなく、古代の人々が天七神《あめのしちしん》様を基本とし、天五神《あめのごしん》

郵 便 は が き

恐縮ですが
切手を貼っ
てお出しく
ださい

160-0004

東京都新宿区
四谷4−28−20

(株) たま出版

ご愛読者カード係行

書　名				
お買上 書店名	都道府県　市区郡　書店			
ふりがな お名前			大正 昭和 平成　年生　歳	
ふりがな ご住所	□□□-□□□□		性別 男・女	
お電話 番　号	（ブックサービスの際、必要）	Eメール		

お買い求めの動機

1. 書店店頭で見て　2. 小社の目録を見て　3. 人にすすめられて
4. 新聞広告、雑誌記事、書評を見て（新聞、雑誌名　）

上の質問に 1. と答えられた方の直接的な動機

1. タイトルにひかれた　2. 著者　3. 目次　4. カバーデザイン　5. 帯　6. その他

ご講読新聞　新聞	ご講読雑誌

たま出版の本をお買い求めいただきありがとうございます。
この愛読者カードは今後の小社出版の企画およびイベント等の資料として役立たせていただきます。

本書についてのご意見、ご感想をお聞かせ下さい。
① 内容について

② カバー、タイトル、編集について

今後、出版する上でとりあげてほしいテーマを挙げて下さい。

最近読んでおもしろかった本をお聞かせ下さい。

小社の目録や新刊情報はhttp://www.tamabook.comに出ていますが、コンピュータを使っていないので目録を　希望する　いらない

お客様の研究成果やお考えを出版してみたいというお気持ちはありますか。
ある　ない　内容・テーマ（　　　）

「ある」場合、小社の担当者から出版のご案内が必要ですか。
希望する　希望しない

ご協力ありがとうございました。

〈ブックサービスのご案内〉
小社書籍の直接販売を料金着払いの宅急便サービスにて承っております。ご購入希望がございましたら下の欄に書名と冊数をお書きの上ご返送下さい。　(送料1回210円)

ご注文書名	冊数	ご注文書名	冊数
	冊		冊
	冊		冊

様、天三神様《あめのさんじん》を崇敬《すうけい》していたことが窺えます。

天御柱について

天御柱《あめのみはしら》という言葉は聞きますが、一体この言葉はどのような意味を持っているのでしょうか。

この岩絵を見ると、１の垂直線に2、3、4、5、6、7、8の水平線が交わっています。

御神神様《おんかみがみ》はそれぞれ独立しており、繋がってはいません。

このばらばらな御神神様《おんかみがみ》の状態を一体化するのが天御柱《あめのみはしら》です。

この岩絵でいえば、１の垂直の線こそが天御柱《あめのみはしら》です。

次に、天御柱《あめのみはしら》とは一体何なのでしょうか。

御神神様《おんかみがみ》を繋ぐお役が天御柱《あめのみはしら》のお役です。

この岩絵における天御柱《あめのみはしら》こそが、火之大神様《ひのおおかみ》なのです。

この岩絵のアイディア

1. 図の1の左右に連ねて御一神様《ごいっしん》を示しました。

2. 天五神様《あめのごしん》の表現に仮想の二神様《にしん》9、10を天御柱《あめのみはしら》に交わらせることなく描いた方法が最高のアイディアであり、まさに神業《かみわざ》といえます。

3. 1と2との交点が、当時の北極星と北斗七星の第一星との距離を示しています。また、各交点は星間の距離を示しています。北斗七星をそのまま描くことなく、抽象的に簡略化して表現したことも素晴らしいアイディアといえます。

この岩絵を描くための北斗七星の観測方法

1. 登場人物

・この絵を描いたのは神官（天文学者）で、性格は厳格無比の人。

・助手一名。
・石工、あるいは神官自ら刻印したのか。
2. 準備した道具
・糸。糸がなければ細い麻紐。これもなければ女性の髪の毛を綯《ゆ》った細い紐。
・短い糸八本。右の糸に印として結わくため。糸が無ければ右同様。
・下振《さげふり》に使う石。
・立木。
・立木の枝を固定するための棒三本。
・右を固定するための縄または紐。
3. 観測日・時
・数万数千年前の夜晴れた日。
・真夜中近く（現在の午前○時頃が最適）。
4. 観測場所
・この岩絵のあった山の上で、北の空がよく見える所。
・この岩絵は他の場所から持ち込まれた可能性が大であり、本来あった場所は不明。

5. 観測の準備

・北の空が見える小枝に石を取り付けた下振《さげふり》を取り付ける。

・右下振《さげふり》の糸に短い糸九本を括《くく》り付けておく。この括《くく》り付けた糸は、上下にスライド可能な縛《しば》り具合にしておく。

・右の枝が揺れないように、木の棒で縄を使って固定する。

・神官は木の幹か岩に寄り掛かって頭（目一眼）を固定する。この時、下振《さげふり》の糸が北極星と重なっているように下振《さげふり》の位置を調節しておく。

・神官は北極星の位置を（下振《さげふり》の糸の下方がよい）糸の上に確認し、一番下にある結び糸を助手に下げさせ、北極星の位置に合わせて硬く結ばせる。

・右下振《さげふり》の糸こそが天御柱《あめのみはしら》であり、北極星の糸上の位置は1の位置となる。

以上で準備完了です。

6. 観測

・北斗七星が天御柱《あめのみはしら》（下振《さげふり》の糸）を第一の星から第七の星まで各々通過するたびに結び、糸を通過順位を想定した上げ下げで、神官の指示に従い、助手は固く結びます。

以上で観測修了です。

7．観測結果を岩に描く

・助手は、木の枝に下がった下振《さげふり》の糸を外し、岩に垂直にこの糸を付けて持ちます。下振《さげふり》の糸を岩の面にあて、垂線と八つの結び目の位置を慎重に写し取ります。岩には、木炭か蝋石《ろうせき》で描いたのではないかと思われます。その際、石工が手伝ったとも思われます。

・石工は、篝火《かがりび》を焚《た》いて、筋彫《すじぼ》り程度は石の面に刻み付けたと思われます。なぜなら、雨に会えば炭絵は消えてしまうからです。

ただし、観測結果は糸に記録され残されているので、復元は可能であったと思われます。

・ここで神官は、目で見た北斗七星とは左右を逆にして水平線を描きました。

以上の如く想定してきましたが、どうやらこれには大いなる不足があり、正しくないようです。前章の拝石山の五角形の線刻岩や盤座《いわくら》の葉脈レリーフと同様に、地球がアンドロメダ星雲の端部に取り込まれ、星星が見えない時に神応《かんのう》して、恋焦がれて北斗七星を岩に刻んだというのが真実のようです。

検討その①

以上に述べてきた如く、この岩絵は天三神《あめのさんじん》様、天五神《あめのごしん》様、天七神《あめのしちしん》様が示されていることが判明しましたが、実はこれだけではないのです。天御神神《あめのおんかみがみ》様は、さらに、天九神《あめのきゅうしん》様、天一二神《あめのじゅうにしん》様、天一五神《あめのじゅうごしん》様、天一六神《あめのじゅうろくしん》様を数えなくてはなりません。

では、実際に数えてみましょう。

1. 天九神《あめのきゅうしん》様

1~3、6~9で、三+四=七でした。この七に4と5の二を足します。七+二=九となり、天九神《あめのきゅうしん》様が表現されていることがわかります。

2. 天一二神《あめのじゅうにしん》様

天九神《あめのきゅうしん》様に1から3の三神《さんじん》様を今一度足します。九+三=一二となります。これで天一二神《あめのじゅうにしん》様が表現されていることがわかります。

3. 天一五神《あめのじゅうごしん》様

七+五+三=一五です。天七神《あめのしちしん》様、天五神《あめのごしん》様、天三神《あめのさんじん》様をすべて加えると天一五神《あめのじゅうごしん》様になることがわかります。

4. 天一六《あめのじゅうろくしん》神様
天一六《あめのじゅうろくしん》神様を数えるには、岩の空なるところである余白にこそ空なる御神《おんかみ》様である天武甕槌大神《あめのたけみかづちのおおかみ》様がおわします。
天一六《あめのじゅうろくしん》神様が表現されていることがおわかりいただけたと思います。

5. 天諸神《あめのしょじん》様
天三神《あめのさんじん》様から天一六《あめのじゅうろくしん》神様の御神神《おんかみがみ》様のみを天神《あめのかみ》様と申し上げます。

以上の如く、天七神《あめのしちしん》様が基本であることがおわかりいただけたと思います。従って、古代の人々は北斗七星を日本古神道《こしんとう》の対象として理解していたことがわかります。

検討その②

北斗七星の描画がなぜ左右逆になっているのかに関し、検討を加えます。二つの可能性が考えられます。

1. 御神《おんかみ》様は、逆立ちになって人々をお守りくださっているようです。実例として、山口市秋穂二島《あいおふたじま》の「たらひ岩のお姿」を挙げることができます。さらには、銅鐸《どうたく》を挙げることができます。

2. この岩が、古代の天皇《すめらみこと》や王の遺体を風葬にしていた時代、御神神様《おんかみがみ》の元へ神帰《しんき》、神《しん》幽《ゆう》する場合の神様の誘いのための岩絵であったと思われます。この世から黄泉世《よみのよ》を見ると反対に映ずると古代の人々は思っていたようです。

そのため、北斗七星の描画が左右逆になっており、これは死者に対する御神神様《おんかみがみ》のお守りであり、誘《いざな》いであったのでしょう。

井寺古墳の石障画にも左右逆の表現が認められます。他の古墳にも同様の表現が認められますが、ここでの具体的な公表は控えます。

結論

この岩絵は、天三神《あめのさんじん》様、天五神《あめのごしん》様、天七神《あめのしちしん》様を基本とし、北斗七星を介して天九神《あめのきゅうしん》様、天一二神《あめのじゅうにしん》様、天一五神《あめのじゅうごしん》様、天一六神《あめのじゅうろくしん》様、天諸神《あめのしょじん》様を描いたものであると結論付けます。

また、この岩絵は死者に対する神帰《しんき》、神幽《しんゆう》への鎮魂《ちんこん》の誘《いざな》いのための御神神様《おんかみがみ》の岩絵であったと結論します。

作成年代

この岩絵の作成年代は、紀元前六三六九四年～紀元前六二六九四年頃の、より古い時代に作成されたと思われます。

最後に

この岩絵を二〇〇四年一〇月一六日に現地確認に行きましたが、所在が明らかでなく、見つけることができませんでした。

村上修好先生、松室將幸氏ともども探したのですが、その甲斐もなく見つけることができず、途方にくれていた折、吉田信啓氏に車中から携帯電話で連絡をとりました。同氏も現地にお越しいただけるとのことでしたが、火急の用事のためだめになり、ついにこの岩絵を見つけることができませんでした。

写真から判断すると、擁壁等に利用されているように判断できます。元の現地にあった状態と現在の状態はおそらく違っていたと思われます。

第五章　甕棺蓋石の文字の意味を解明する

〜宮崎県西臼杵郡高千穂町天岩戸付近

はじめに

甕棺蓋石《かめかんふたいし》の写真５０１とその図の写《うつし》５０１を左に示します（「歴史読本臨時増刊号」第三六巻第六〇・新人物往来社）。

写真501 甕棺蓋石《かめかんふたいし》碑文《ひぶん》

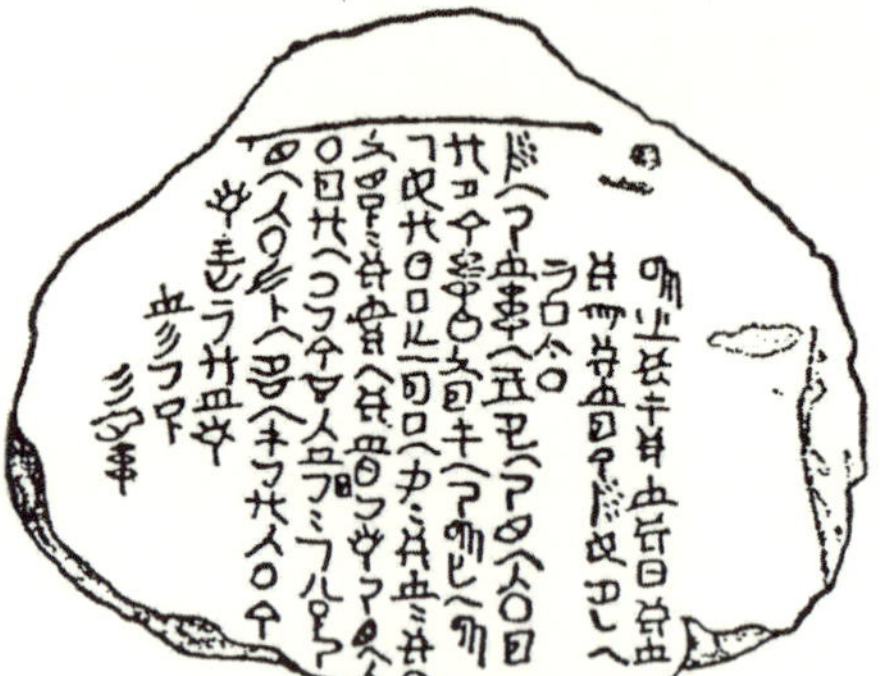

図501 甕棺蓋石《かめかんふたいし》碑文《ひぶん》 写《うつし》

この碑文《ひぶん》は、倭国《わこく》が乱れた時のものとのことであり、「明治の初め『古代日本の絵文字』（大羽弘道氏）により」と、掲載された古川純一氏による「日本超古代地名解」四〇七頁に記載されたものです。

◎石に刻まれた内容

1. 右端の文字は、アヒル草文字で「〇」と書かれています。表題が、「ワ」となっています。「ワ」は国の意味だと思われます。

2. 次には、実質表題部の上にアヒル草文字で「ヘオ」と書かれており、正式文書の「表明」の「表」と判読できます。

3. 以後、文章は、「豊国文字《とよくにもじ》」で書かれていますが、中には豊国《とよくに》文字以外の象形文字が使用されています。

また、この碑文《ひぶん》は石に刻まれているものであるとのことで、筋彫《すじぼ》りしやすく文字を簡略化したものだと思われます。

4. 碑文《ひぶん》本文の解読の結果をカタカナ表記で次に一括表示します。

ワ
ソヌミキミカミエミカ
ヘオ
ミケミカトヲホエコレノ
ウツネハ
ホノアカリノヘヨコレノアメノイワト
ニコシリマストキノアソヒノソ
ナエニマツルメトツノオ、ミカ、ミハ
スメヲ、ミカミノミタマアテアメノイ
ワトニノマワシチイタママナルヲア
メノイワヤイノコチノキマニイワシ
テスメラニタテ
カクマヲ
クゴリ

と読むことができます。

5. 各行ごとにカタカナ表記し、それを漢字表記に改めます。

(1)第一行目から第三行目までの文章のカタカナ読みを次に記します。

ソヌミキミカミエミカミケミカトオホエコレノウツネハ

と判読できます。

文節ごとに文章を分けると、

ソヌミキミカミエ（ヘ）　ミカミケミカト（ド）　オホ（ボ）　エコレノウツネハ

これを漢字表記に改めます。

祖《そ》根《ぬ》御《み》貴《き》美《み》神《かみ》へ甕《みけ》（＝ミケ＝カメ＝沢山の意）御《み》食《か》天皇《みかど》覚《おぼ》え（記憶）是《これ》の（を）穿《う》つのは（書き記すのは）

6. 第四行目の文章のカタカナ読みを次に記します。

ホノアカリノヘヨコレノアメノイワト

と判読できます。

文節ごとに文章を分けると、

ホノアカリノヘ　ヨ　コレノ　アメノイワト

これを漢字表記に改めます。

火明《ほのあかり》之《の》戸《へ》（戸籍を示し、一般人を示す。【現在でいう平民】）代《よ》（一般人であった時）この人が、天岩戸《あめのいわと》

7. 第五行目の文章のカタカナ読みを次に記します。

ニコシリマストキノアソヒノソ

と判読できます。

文節ごとに文章を分けると、

ニ　コシリマストキノ　アソヒノ　ソ

これを漢字表記に改めます。

に越《こ》しります時に、阿祖日《あそひ》の

8. 第六行目の文章のカタカナ読みを次に記します。

ナエニマツルメトツノオオミカ、（ガ）ミハ

と判読できます。

文節ごとに文章を分けると、

ナエニ　マツルメ　トツノオオミカ・（ガ）ミハ

これを漢字表記に改めます。

供《そな》えに満《ま》つるめ（お供えを十分にせよ）十津之大神神《とつのおおかみがみ》は、

9．第七行目の文章のカタカナ読みを次に記します。

スメヲヲミカミノミタマアテアメノイ

と判読できます。

文節ごとに文章を分けると

スメヲヲミカミノ　ミタマ　アテ　アメノイ

これを漢字表記に改めます。

皇祖大御神之御霊当天《すめおおみかみのみたまあてあめの》

10．第八行目の文章のカタカナ読みを次に示します。

（イ）ワトニノワマシチイタマママナルヲア

と判読できます。

文節ごとに文章を分けると

（イ）ワトニ　ノワマシチ　イタマママナルヲ　ア

これを漢字表記に改めます。

岩戸《いわと》に野間《のま》わしち（野営して？）居《い》たままなるを

11. 第九行目の文章のカタカナ読みを次に示します。
（ア）メノイワヤイノコチノキマニイワシ
と判読できます。
文節ごとに文章を分けると
（ア）メノイワヤ　イノコチノ　キマニ　イワシ
これを漢字表記に改めます。
天岩屋《あめのいわや》井《い》之《の》此方《こち》之《の》木間《きま》（木の家）に居《い》（住）まわし
12. 第一〇行目の文章のカタカナ読みを次に示します。
テスメラニタテ
と判読できます。
文節ごとに文章を分けると
テ　スメラニ　タテ
これを漢字表記に改めます。
て天皇《すめら》（ここでは、ミカドでなくスメラと読みます）に立《た》て
13. 第一一行目の文章のカタカナ読みを次に示します。

カクマヲ
と判読できます。
文節ごとに文章を分けると
カク　マヲ
これを漢字表記に改めます。
斯《か》く真《ま》を

14. 第一二行目の文章のカタカナ読みを次に示します。

クコ（ゴ）リ
これを漢字表記に改めます。
供御《くご》り（御神様《おんかみ》にお供えすること）

15. 以上が解読した結果でありますが、次に全文の訳文を掲載します。

輪

表明

祖根御貴美神《そぬみきみかみ》へ甕《みけ》（＝ミケ＝カメ＝沢山の意）御食天皇《みかみかど》覚《おぼ》え（記憶）是《これ》の（を）
穿《う》つのは（書き記すのは＝鉄器の鏨《たが》で筋彫《すじぼ》りしたため）
火明之戸《ほのあかりのへ》（戸籍を示し、一般人を示す。【現在でいう平民】）代《よ》（一般人であった時
この人が、天岩戸《あめのいわと》に越《こ》しります時《とき》に、阿祖日《あそひ》の備《そな》えに満《ま》つるめ（お供えを十分にせ
よ）十津之大神神《とつのおおかみかみ》は、皇祖大神之御霊当《すめおおかみのみたまあ》て（審神《さにわ》）天岩戸《あめのいわと》に野間《のま》わしち（野営した？）
居《い》たままなるを天岩屋井之此方之木間《あめのいわやいのこちのきま》（木の家）に居《い》（住）まわし
て天皇《すめら》（ここでは、ミカドでなくスメラと読みます）に立《た》て
斯《か》く（このように＝右記の如く）真《ま》（真実）を
供御《くご》り（御神《おんかみ》様にお供えすること）

16．この碑文《ひぶん》から判明すること

(1)火明之尊《ほのあかりのみこと》（皇統第二五代天津日子穂穂出見身光天津日嗣天日天皇《あまつひこほほでみみひかりあまつひつぎあまひすめらみこと》）（またの名を火遠理尊《ほとおりのみこと》、またの名を彦火火出見尊《ひこほほでみのみこと》）の御世《みよ》の記憶を、火明之天皇《ほのあかりのみかど》の名前で公文書として天皇家の祖神《そじん》へ碑文《ひぶん》の内容は事実だとして供御《くご》したものです。この天皇《すめらみこと》の父君は、邇邇芸尊《ににぎのみこと》であり、母君は、木花之佐久夜毘売《このはなのさくやひめ》皇后《こうごう》です。

しかし、この碑文《ひぶん》に記された火明之尊《ほのあかりのみこと》は尊《みこと》になっておらず、名前の前に天《あめ》とか天津《あまつ》とかの天孫族を示す尊称もなく、呼び捨てで、なおかつ、火明之戸《ほのあかりのへ》となっており、皇族ではなく一般平民の出自《しゅつじ》であったことがわかります。この時、古代の日本は乱れており、戦があったのでしょうか、天皇《すめらみこと》である邇邇芸尊《ににぎのみこと》、皇后である木花之佐久夜毘売尊《このはなのさくやひめのみこと》も、戦あるいは謀略に巻き込まれ、霧島で揃って崩御《ほうぎょ》してしまっています。

このように、天皇《すめらみこと》が空位であった時、一般平民であった火明之戸《ほのあかりのへ》である男子が天岩戸《あまのいわと》に越して来ました。

そこで、火明之戸《ほのあかりのへ》は、為政者（天皇《すめらみこと》・皇后《こうごう》不在）や神官、巫女《みこ》等に、阿祖日《あそひ》へのお供《そな》えを十分にせよと進言したと思われます。この進言を受けて、為政者である十津《とつ》の神神《かみがみ》（神官・巫女《みこ》等）が集まり会座して、いったいこの火明之戸《ほのあかりのへ》なる人物は何者なのかを神官や巫女《みこ》等によって御霊当《みたまあて》（どの御神神様之霊《おんかみがみさまのれい》を火明之戸《ほのあかりのへ》が持っているのか審神《さにわ》すること）が執《と》り行われ、結果として皇祖《こうそ》の霊《れい》が宿っていることが判明しました。

これにより明らかなのは、火明之戸《ほのあかりのへ》は、明らかに天皇《すめらみこと》・皇后《こうごう》の尊《みこと》でなく、どこの馬の骨ともわからぬ男子であったことです。仮に尊《みこと》であるならば、為政者達は火明《ほのあかり》之尊《のみこと》の存在を正しく掌握《しょうあく》していたはずです。出自《しゅつじ》がはっきりしないので御霊当《みたまあて》を行ったのでしょう。

御霊当《みたまあて》の結果、火明之戸《ほのあかりのへ》は皇祖《こうそ》の御霊《みたま》が付いているとし、天岩戸《あめのいわと》に野宿させて放置していたのを天岩屋《あめのいわや》の井《い》の近くの木の家（天皇《すめらみこと》の住む家）に住まわせて、天皇《すめら》に擁立しました。

この真実を、謹んで御神《おんかみ》様に捧げます。

なお、阿祖日とは、ア神様である天御中主大神《あめのみなかぬしのおおかみ》様を示しています。

(2)表題の「みかど」と文末の「すめら」との使い分けが事実とすれば、「すめら」は現在生きている天皇を示し、「みかど」は崩御《ほうぎょ》後の尊称であったと思われます。

(3)火明之戸《ほのあかりのへ》が崩御《ほうぎょ》し、「覚え」としてこの碑文《ひぶん》を刻んでいますので、この碑文《ひぶん》を作成した以降、鵜草葺不合朝《うがやふきあえずちょう》の天皇《すめらみこと》に事実を判読されるのを恐れ、注意深く線刻したと思われます。というのも、ホノアカリノヘヨコレの出だしの文章において、へとヨを一字に書き、鳥居を「ミ」と錯覚させて読ませ、コとレを続けてコと読ませ、ミコ（ミコト）として、鵜草葺不合朝《うがやふきあえずちょう》の天皇《すめらみこと》には火明之尊《ほのあかりのみこと》と説明できるようにしたのかも知れません。

実に巧妙な表記であり、事実をいかに伝えるか神官は苦慮し、表記方法を練ったものと思われます。

また、この碑文《ひぶん》が発見されても言い訳の利くことを想定して線刻したのでしょう。

(4)神官が記したと思われ、この内容は事実であると思われます。神官が御神様《おんかみ》に嘘をつくことは絶対にありえないはずです。

(5)木造家屋を木間《きま》と呼んでいたなら、これは建築史学的大発見です。

(6)ホノアカリノへの皇子が鵜草葺不合朝《うがやふきあえずちょう》（皇后《こうごう》が出産の時、鵜《う》の羽で葺《ふ》いた産屋《うぶや》で出産する慣わしであったが、世の乱れも収まらない時であったのか、産屋《うぶや》の屋根が葺《ふ》き終わらない間に出産した皇子という意味で鵜草葺不合朝《うがやふきあえずちょう》と呼称されています）第一代、皇統第二六代の天皇《すめらみこと》となっていますが、血統的には、ホノアカリノへが鵜草葺不合《うがやふきあえず》朝《ちょう》の初代と思われます。武力、知略のある一平民が、結果として古代の日本国（ワノナノクニ）の祭政を簒奪《さんだつ》したのでしょう。

従って、これは皇統の血統の絶えている証の碑文《ひぶん》です。

検討

万世一系《ばんせいいっけい》をうたっていた戦前の皇室としては、この碑文《ひぶん》は大変迷惑な代物であったに違いありません。宮崎県西臼杵郡高千穂町に関する記述の中に、この碑文《ひぶん》が解読されている旨の文章があります。おそらく、その解読結果はこの解読結果と同様であると思われます。

しかし、当時は皇統の断絶等は到底記載できるものではない世情であったことでしょう。いつのまにか、本物の石はどこかへ隠されていたにちがいありません。そろそろ本物の甕《かめ》棺《かん》の石蓋《いしぶた》が現れてもよい頃です。

掲載した写真は、当初、「キリストは日本で死んでいる」（山根キク著、たま出版）に掲載されていたものを考えましたが、野外で撮影したらしく、背景に木立が写っていて捨てがたい写真ではありますが、鮮明さに不足を感じましたので、「歴史読本」から転載させていただきました。

なお、皇統の断絶といっても、神武天皇《じんむてんのう》から今上天皇《きんじょうてんのう》の皇統の断絶ではなく、邇邇芸《ににぎの》天 皇《すめらみこと》と日子穂穂出見天 皇《ひこほほでみのすめらみこと》は親子関係ではないと記しているのがこの碑文《ひぶん》です。人身をもった初代の天皇《すめらみこと》から、数えて第二二代目の天照天皇《あまてらすのすめらみこと》まで、順調に古代の皇統は受け継がれましたが、天照天皇《あまてらすのすめらみこと》の時に本物は追放され、ダミーの天照天皇《あまてらすのすめらみこと》が皇統を継いだようです。

この時の皇統の断絶が一回目、本物の天照天皇《あまてらすのすめらみこと》から、皇子の押穂耳命《おしほみみのみこと》（尊《みこと》＝天皇《すめらみこと》になれなかったので命《みこと》が正しい）は皇統を受け継げませんでした。従って、正当な皇統は絶えていることになります。

ダミーの天照天皇《あまてらすのすめらみこと》から邇邇芸天皇《ににぎのすめらみこと》も親子関係はなく、祭政簒奪《さんだつ》の仲間であったと思われます。この時が第二回目の皇統の断絶です。

邇邇芸天皇《ににぎのすめらみこと》から日子穂穂出見天皇《ひこほほでみのすめらみこと》は、この碑文《ひぶん》によると皇統が断絶しています。これで第三回目の皇統の断絶です。

日子穂穂出見天皇《ひこほほでみのすめらみこと》から武鸕草葺不合天皇《たけうがやふきあえずのすめらみこと》は親子関係であり、鸕草葺不合朝《うがやふきあえずちょう》第七二代の彦五瀬天皇《ひこいつせのすめらみこと》まで順調に鸕草葺不合朝《うがやふきあえずちょう》の皇統を伝えてきました。

鸕草葺不合朝《うがやふきあえずちょう》第七三代目狭野尊《さののみこと》として彦五瀬天皇《ひこいつせのすめらみこと》を討ち、神日本磐彦尊《かんやまといわれひこのみこと》＝神武天皇《じんむてんのう》として即位《そくい》されました。

彦五瀬天皇《ひこいつせのすめらみこと》と神武天皇《じんむてんのう》は親子関係にもなく、これが第四回目の皇統の断絶です。

なぜ鵜草葺不合《うがやふきあえず》朝《ちょう》第七一代の天皇《すめらみこと》を抹殺したのか、その疑問が残ります。鵜草葺不合《うがやふきあえず》朝《ちょう》は縄文人であり、神武天皇《じんむてんのう》は弥生人であった故でしょうか。

作成者および作成年代

作成者は、おそらく日子穂穂出見天皇《ひこほほでみのすめらみこと》の一世が崩御《ほうぎょ》した直後に、十津《とつ》の神神《かみがみ》の構成員（臣下）である中臣宿禰《なかとみのすくね》と竹内宿禰《たけのうちのすくね》の二人が相談をして、竹内宿禰《たけのうちのすくね》が岩に線刻し、甕《かめ》棺《かん》の蓋石《ふたいし》として隠匿《いんとく》したものと思われます。

作成年代は、おそらく紀元前三二一九三年頃でしょう。

第六章　幣立神宮の鑑石碑文を解明する

～熊本県阿蘇郡山都町

幣立神宮《へいだてじんぐう》鑑石《かがみいし》の写真６０１を掲載します（「ペトログラフ・ハンドブック」吉田信啓著、中央アート出版社）。五角形で囲まれた面を表とし、アヒル草文字で書かれた面を裏としました。

表　　裏

写真601　幣立神宮《へいだてじんぐう》鑑石《かがみいし》

1．鑑石碑文の表の文字を解明する

鑑石碑文《かがみいしひぶん》の表の文字を解明するに当たり、次頁上段にアヒル文字のコード表を表６０1として掲載します。また、中段には表６０２を掲載します。出典は、竹内文書「神代の万国史」です。

さらに、下段には、明治二一年五月一日付、「日本古代文字考上巻」落合直澄氏による縦体阿日留文字のコード表を表６０3として掲載します（括弧書きは、筆者記入）。

表601 アヒル文字

表602 上古第五代天皇文字

表603 縦体阿日留文字

表601は、前掲同書によれば、「対馬国卜部中務傳之」とあり、思兼命《おもいかねのみこと》が神勅《しんちょく》により作成したとあります。表603のコード表は参考程度とします。

2. 符号をふります。一行ですが、一行目を1とします。各段には上から順に、a、b、c、d、e、f、g、hとします。

a　b　c　d　e　f　g　h

1 

3. 文字コード表は、表601および表602を用います。

4. このコード表を用いて鑑《かがみ》石《いし》碑文《ひぶん》の文字を解明すると、次のようになります。符合をふっておきます。

(1)

1a「」は、「ア」と読みました。

理由：表602「ア」を示す文字は、上に算用数字の6、下に横棒一本です。6の結びを解けば上部の開いた輪となり、「」の文字と同じ形になります。表601のア列二段目のが構成要素としては矛盾なく合致しますが、読みはイとなり、その意味は「穢《けが》れのない」「偉大な」との意味となり、具体性がなく次の言葉に繋がっていきません。

従って、ここでは「」の文字を「ア」としました。

(2)

1b「」は、「ソ」と読みました。

理由：表602サ列五段目に「」この文字があり、「ソ」と読めます。

さらに、表601サ列五段目に∧⊥この文字があり、∧と⊥を縦書きにすれば「」

の文字となり、「ソ」と読めます。

(3) 1c「◇」は、「ヒ」と読みました。

理由：表601および表602ともに、ハ行二段目に同じ文字で「◇」と記されています。△|の文字を縦に書けば「◇」のようになります。その読みは、「ヒ」と読めます。

(4) 1d「ㇾ⊥」は、「ノ」と読みました。

理由：表601および表602ともに、ナ行五段目にはㇾ⊥と記されています。このㇾを上にして⊥を下にし、そのまま縦書きにすると縦二文字分となり、一字が縦長になって見栄えもよくありません。そこで、ㇾの文字の下方水平部分を右上に跳ね上げて/とし、下に⊥を書き「ㇾ⊥」この文字としました。

従って、読みは「ノ」であります。

(5) 1e「○⊥」は、「ヲ」と読みました。

理由：表601ワ行五段目には○⊥とあり、また表602ワ行五段目には○⊥とあります。いずれも構成要素は○と⊥です。○と⊥を縦書きにすれば「○⊥」となり、読みは「ヲ」となります。

(6)

1f「[illegible]」は、「ホ」と読みました。

理由：表601ハ行五段目には[illegible]とあります。表602ハ行五段目の文字は構成要素が一部異なりますので、ここでは対象としません。

しかし、表601ハ行五段目には、[illegible]の[illegible]と⊥を縦書きにすると「[illegible]」の文字になります。

従って、読みは「ホ」となります。

(7)

1g「[illegible]」は、「カ」と読みました。

理由：表601カ行一段目には、[illegible]とあります。

また、表602カ行一段目には[illegible]とあります。これは、単純に上の┐と下の├をマイナス九〇度回転させて⊥として、重ね合わせて[illegible]この縦一字としたものです。

従って、構成要素は全く同じであるといえます。

しかし、「[illegible]」の文字は、表601カ行一段目左側の┐と右側の├を単に上下にして[illegible]として記すと縦長な文字になるため、上の┐の垂直線を左斜め斜線として[illegible]のようにし、下の├はマイナス九〇度回転して⊥として上下に書いたと思われます。

従って、ㅏのようになり、「가」の文字となります。読みは「カ」です。

(8)

1h「무」は、「ミ」と読みました。

理由：表601マ行二段目には、ㅁㅣとあります。この文字を縦に書けば、ㅁ ㅣとなり、「무」の文字となります。

また、表602マ行二段目には、무この文字が記されています。

従って、読みは「ミ」となります。

5．以上の結果をまとめて表示すれば、

	a	b	c	d	e	f	g	h
1	ア	ソ	ヒ	ノ	ヲ	ホ	カ	ミ

となります。

6．ここに書かれた神代文字の特徴は、アヒル文字は偏と旁《つくり》で一文字の構成が左右になっていますが、この文字は冠と旁《つくり》で構成されています。アヒル文字の変形バージョンであるといえます。上古第五代天八下王天皇《あめのやくだりおのすめらみこと》のお作りになった神代文字が基本となっている文字で、表603に合致します。

結果としてこの文字は、ハングル文字と呼ばれています。

しかし、ここに書かれている内容はあくまで日本語です。

7．4のカタカナ文字を単語ごとに区切って表示します。

(1)アソヒ　ノ　ヲオ　カミ

となります。

(2)文字全体が尖《とが》った五角形の中に書かれています。これは屋根を示し、天《てん》を示しており、天《あめの》と読めます。

(3)次にこれを漢字表記に改めてみます。

1．阿祖日大神《あそひのおおかみ》

あるいは

2．阿蘇日大神《あそひのおおかみ》

8．結論

7の(3)の1が適当であると思われます。従って、「阿祖日大神《あそひのおおかみ》」様とします。なぜなら、阿蘇日大神《あそひのおおかみ》なる御神《おんかみ》様は存在しないからです。阿祖日大神《あそひのおおかみ》様とは、ア神様です、天《あめの》御中主大神《みなかぬしのおおかみ》様を示しています。

鑑石碑文の裏面の文字を解明する

1. この鑑《かがみ》石《いし》碑《ひ》文《ぶん》は四行一二段で、右から左に向かって第一行目から第三行目までが一二文字で、第四行目が一一文字、計四七文字で構成されています。

2. この鑑《かがみ》石《いし》碑《ひ》文《ぶん》に符号をふります。右から左へ第一行目を1、第二行目を2、第三行目を3、第四行目を4とします。また、各段には上から順にaからl（小文字のエル）までとします。

3. 以上の結果を一覧に示します。

a b c d e f g h i j k l

1
2
3
4

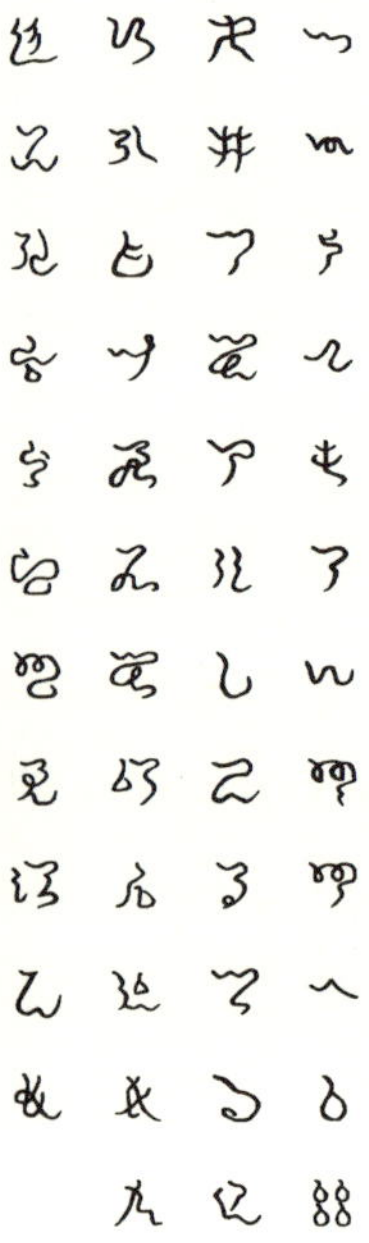

4. この文字は、上古第八代天《あめ》八《や》百《お》足《たる》日《ひの》天皇《すめらみこと》のお作りになったアヒル草文字で書き記さ

れています。文字コード表は前掲著書第一一七頁の上および下の表を用いました。

　では、１ａから４ｋまでの文字を解読していきましょう。

(1)第一行目

１ａ「」は、ヒ　と読みました。

１ｂ「」は、フ　と読みました。

１ｃ「」は、ミ　と読みました。

１ｄ「」は、ヨ　と読みました。

１ｅ「」は、イ　と読みました。

１ｆ「」は、ツ　と読みました。

１ｇ「」は、ム　と読みました。

１ｈ「」は、ナ　と読みました。

１ｉ「」は、ナ　と読みました。

１ｊ「」は、ヤ　と読みました。

１ｋ「」は、コ　と読みました。

１ｌ「」は、ト　と読みました。

(2)第二行目

2a「」は、ロ　と読みました。

2b「」は、ラ　と読みました。

2c「」は、ネ　と読みました。

2d「」は、シ　と読みました。

2e「」は、キ　と読みました。

2f「」は、ル　と読みました。

2g「」は、ユ　と読みました。

2h「」は、ヰ　と読みました。

2i「」は、ツ　と読みました。

2j「」は、ワ　と読みました。

2k「」は、ヌ　と読みました。

2l「」は、ソ　と読みました。

(3)第三行目

3a「」は、ヲ　と読みました。

3b「」は、タ　と読みました。

3c「」は、ハ　と読みました。

3d「」は、ク　と読みました。

3e「」は、メ　と読みました。

3f「」は、カ　と読みました。

3g「」は、ウ　と読みました。

3h「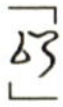」は、オ　と読みました。

3i「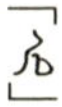」は、エ　と読みました。

3j「」は、ニ　と読みました。

3k「」は、サ　と読みました。

3l「」は、リ　と読みました。

(4)第四行目

4a「」は、ヘ　と読みました。

4b「」は、テ　と読みました。

4c「」は、ノ　と読みました。

4d「」は、マ　と読みました。

4e「」は、ス　と読みました。

4f「」は、ア　と読みました。

4g「」は、セ　と読みました。

4h「」は、ヱ　と読みました。

4i「」は、ホ　と読みました。

4j「」は、レ　と読みました。

4k「」は、ケ　と読みました。

5. 以上の結果を一覧に表示します。

	a	b	c	d	e	f	g	h	i	j	k	l
1	ヒ	フ	ミ	ヨ	イ	ツ	ム	ナ	ナ	ヤ	コ	ト
2	ロ	ラ	ネ	シ	キ	ル	ユ	ヰ	ツ	ワ	ヌ	ソ
3	ヲ	タ	ハ	ク	メ	カ	ウ	オ	エ	ニ	サ	リ
4	ヘ	テ	ノ	マ	ス	ア	セ	ヱ	ホ	レ	ケ	

6. 前記5により、これは明らかに一《ひ》二《ふ》三《み》四《よ》五《い》六《む》七《な》八《や》九《こ》十《と》のひふみ祝詞《のりと》と思われます。

しかし、現代のひふみ祝詞《のりと》は数字一文字に音字一音しか当てていません。

従って、五はイとしか発音せず、七のナ以外に発音しません。

しかしながら、この鑑石碑文《かがみいしひぶん》は、五はイツと二音を当て、七は重複してそれぞれにナとしています。初源当初の祝詞《のりと》の形を留めているのか、あるいは他の文書表記なのか判然としませんが、両方の可能性もあり、改めてここで他の文書として解明することにします。

7. 前記6の結果を、文節あるいは単語ごとに区切って表記します。
ヒフミ　ヨイツムナ　ナヤコトロラネ　シキルユヰツワヌソ
ヲタハクメカウオエニサリ　ヘテノマスアセヱホレケ
以上のように、三、五、七、九、一二、一五（実際には一一）で区切ってみました。
これは御神神様《おんかみがみ》の区分を示す数字です。これを基本に解明していきます。

8. 前記7の文章を漢字表記に改めてみます。
(1) ヒフミ　日踏《ひふみ》
(2) ヨイツムナ　夜幾積《よいつ》むな
(3) ナヤコトロラネ　奴《な》や子通《ことろ》らね

(4)シキルユヰツワヌソ　仕《し》切るゆ偽《いつわ》ぬぞ
(5)ヲタハクメカウオエニサリ　御《お》霊《た》泊《は》目《くめ》果《か》報《う》を得《え》に去《さ》り
(6)ヘテノマスアセヱホレケ　経《へ》て呑《の》ます血《あせ》へ惚《ほ》れ気《け》

9. 前記8の下段の漢字表記の意味を探ってみます。
(1)第一行目の日踏《ひふみ》について
(a)日踏《ひふみ》とは、暦の一日のことです。古代日本の王朝はカレンダーを作り、三六三日を計測していました。特に鵜草葺不合《うがやふきあえず》朝《ちょう》の歴代天皇《すめらみこと》は、一日一日をカウントしていました。また、詔《みことのり》により人の寿命を決定していました。ある時期は、昼を一日、夜を一日とし、現在の一日を二日と数えていた時代もあったようです。
(b)日踏《ひふみ》に関連し、今でも値踏《ねぶみ》という言葉が日常で使われています。日踏《ひふみ》とは一日一日を数えることです。
(2)第二行目の夜幾積《よいつ》むな
(a)夜幾積《よいつ》むな、とは、夜を一日に数えるなとの意味であると思われます。
(b)これにより、一日は現在と同じく、昼と夜を以って一日に数えるとの詔《みことのり》であることが判明しました。これらは、竹内文献には見られるそうですが、物証として確認されたのはこれが最初ではないでしょうか。

(3)第三行目の奴《な》や子通《ことろ》らね

(a)奴《な》や子通《ことろ》らねとは、一般の民や子を示し、一日に夜を加えて数えると、詔《みことのり》で決めた寿命の半分しか生きられませんよとの意味で、注意を喚起しています。

(b)一般国民、天皇《すめらみこと》自身の寿命が決められていた事実には驚愕します。

10. 前記9の第四行目、仕切《しき》るゆ偽《いつわ》ぬぞ

(a)仕切《しき》るゆ偽《いつわ》ぬぞとは、仕切り、つまり取り決めはすでにされており（ゆは、よりという意味の古語）偽《いつわ》ってはならないとの戒《いまし》めです。

(b)この文は次の5にも掛かり、寿命を定めています。

11. 前記10の第五行目、御霊泊目《おたはくめ》果報《かう》を得《え》に去《さ》り

(a)御霊泊目《おたはくめ》とは、肉体を以って現界《げんかい》に霊を留めている、泊っているとの意味です。

この世は仮の住処《すみか》とされています。目は何日目の目です。約束の寿命の日を示します。

(b)果報《かう》とは、カ（ホ）ウの意味ですが、ホはすでに使用されており再び使用することはできませんので、省略したようです。果報《かう》とは果報者《かほうもの》の意味で事故もなく、病気もな

しに寿命を全うしたとの意味です。

(c)を得《え》に去《さ》りとは、果報《かう》でも寿命の日を得たら死にますよ、現界《げんかい》から、つまりこの世から霊が去りますよ、肉体が滅びますよ、との意味です。

12. 前期11の第六行目、経《へ》て呑《の》ます血《あせ》へ惚《ほ》れ気《け》

経《へ》て呑《の》ます血《あせ》へ惚《ほ》れ気《け》とは、経てとは、死んで幽界《ゆうかい》へ行った後、御神様《おんかみ》は、再び血《あせ》（血《あせ》＝斎宮・斎院の忌み言葉と古語辞典にあります）を呑ますとは、生まれ変わらせるのを期待して（惚れて）いなさいとの詔《みことのり》です。古代の人々は輪廻転生《りんねてんしょう》を事実として受け止めていたことが窺えます。

考察

1. この鑑石碑文《かがみいしひぶん》は全体で四七文字からなり、天三神様《あめのさんじん》、天五神様《あめのごしん》、天七神様《あめのしちしん》、天九神様《あめのきゅうしん》、天一二神様《あめのじゅうにしん》となり、天一五神様《あめのじゅうごしん》は表現されていません。四行四七文字を御神《おんかみ》様の数で文節として区切り、文章を紐解いた結果、ひふみ祝詞《のりと》の真実を解明することができました。

2. 御神神《おんかみがみ》様の数

御神神《おんかみがみ》様の数は、総数で五二神《しん》様を数えなければなりません。天一二神《あめのじゅうにしん》様までは確認できました。天一五神《あめのじゅうごしん》様と天一六神《あめのじゅうろくしん》様を探さねばなりません。左上の横線に着目します。

文字は四七文字以外使用できません。

3. この鑑石碑文《かがみいしひぶん》裏面の左上の横線について

横線の直近の文字二つを抽出すると右から左へ「ヲ」「ヘ」となります。祝詞《のりと》の文脈から「ヲヘ」となっていますが、左から「ヘ」「ヲ」と読めば、これは「ヘヲ」となり、「表」のことであり、公文書の表明の意味となります。この鑑石碑文《かがみいしひぶん》は、鵜草葺不合朝《うがやふきあえずちょう》第四代目の天皇《すめらみこと》が阿祖日大神《あそひのおおかみ》様である天御中主大神《あめのみなかぬしのおおかみ》様に捧げた公文書であり、御神《おんかみ》様と誓約《うけい》の書であることが改めて判明しました。

「ン神《しん》様」御一神《ごいっしん》様を補い、「ヘヲ」と読ませる公文書であることを示し、この横線に二重の役割を負わせた大変優れた手法であり、最も優秀な神官か、あるいは天皇《すめらみこと》自身が起案したものと思われます。完璧に整っているといえます。

4. 横線に関する更なる検討

なぜこの横線は左半分なのでしょうか。

(1)線＝セン
(2)半＝ハン
(3)半分＝ハンブン

これら三項目の言葉の末尾は、いずれも「ン」の字で終わります。以上のことから、明らかにこの横線は「ン」の字を暗示しているものと思います。これで欄外にンの字を補ったことが証明できました。「ン」は言外に「ン神《しん》様」を表しています。

また、このように横線を引いて「ヘヲ」とする表記手法は、天岩戸《あまのいわと》付近で明治八年に発見報告された岩に描かれた碑文《ひぶん》にも見られ、これはこの鑑石《かがみいし》を作成した鵜草葺不合《うがやふきあえず》朝《ちょう》第四代の天皇《すめらみこと》から数え五代前の父なる日子穂穂出見天皇《ひこほほでみのすめらみこと》に関する碑文《ひぶん》に認められます。

天一五神《あめのじゅうごしん》様は直接的に表現されていませんが、間接的に半線をもって表現しているようです。

また、使用文字からは天一六神《あめのじゅうろくしん》様は表現されていません。

では、天一六神《あめのじゅうろくしん》様はどこにおわすのでしょうか。天一六神《あめのじゅうろくしん》様は空なる御神《おんかみ》様で、直接には表現されません。

再び左上の横線に着目します。右半分に横線が描かれていないことに注目します。この描かれていない場所にこそ天一六神《あめのじゅうろくしん》様がおわします。

通常は五二神《ごじゅうにしん》様までを表現するのがよい方法ですが、この祝詞《のりと》は少々特殊なものであることがわかってきました。

5. なぜ天一五神《あめのじゅうごしん》様を端的に示さないのか

全体の文字数四七文字。四＋七＝一一文字。最後の行も文字数は一一文字。一一の意味を探ってみますと、御神《おんかみ》様を示す文字十を一一から引きますと一が残ります。一は最初、振り出し、元、スタートを意味し、元へ帰って生まれ変われとの暗示です。寿命と輪廻転生《りんねてんしょう》を誓約《うけい》している祝詞《のりと》として、実にふさわしいものであることが判明しました。

6. 鑑石碑文《かがみいしひぶん》の裏の内容は、古代の人々に対する寿命に関する詔《みことのり》（規定）であることが判明しました。

7. 御神《おんかみ》様が生と死、生まれ変わりまで司っていたことが知れました。

8. この鑑石碑文《かがみいしひぶん》は時代が判然としませんが、世界で最古の法典といってもよいのではないかと思います。この神社の創立は今から一万五千年前だそうです。

次に、年代の特定を行いたいと思います。

9. 鑑石碑文《かがみいしひぶん》の作成年代の特定（第一回目）

熊本の井寺古墳は、私の研究では古墳ではなく遺体処理施設です。風堆《ふうたい》による年代は、紀元前六三四九四年です。遺体の処理を最初に行ったのは皇統第二二代、天疎日向津《あまさかりひむかいつ》毘売身光天津日嗣天日天皇《ひめみひかりあまつひつぎあまひのすめらみこと》（天照）と思われます。この後、皇統は、邇邇芸天皇《ににぎのすめらみこと》、日子穂穂出見天皇《ひこほほでみのすめらみこと》、武鵜草葺不合天皇《たけうがやふきあえずのすめらみこと》、七二代の天皇《すめらみこと》、七三代目の天皇《すめらみこと》が神武《じんむ》天皇《てんのう》です。神武天皇《じんむてんのう》の即位元年は、紀元前七五六年です。この鑑石碑文《かがみいしひぶん》を作成したのは、鵜草葺不合朝《うがやふきあえずちょう》四代目の天皇《すめらみこと》であると思われます。邇邇芸天皇《ににぎのすめらみこと》から数えて六代目に該当します。邇邇芸天皇《ににぎのすめらみこと》から神武天皇《じんむてんのう》まで七五代を数えることができます。

大雑把な計算をしてみます。

六三六九四－七五六＝六二九三八

六二九三八×（六÷七五）＝五〇三五

六二九三八－五〇三五＝五七九〇〇（※一）

最大では紀元前五七九〇〇年までは遡ることができると思われます。しかし、日子穂《ひこほ》穂出見天皇《ほでみのすめらみこと》の在位年数は大変長く、これを加味するともっと年代は新しくなります。

なお、鵜草葺不合朝《うがやふきあえずちょう》四代目としたのは、鵜草葺不合朝《うがやふきあえずちょう》第四代目が一日を二日と数えるのをやめて一日を一日とする本来のかたちに戻したからです。「鵜草葺不合之尊の真実」の著者、大西諮治氏によれば、鵜草葺不合朝《うがやふきあえずちょう》第二代目は琉球を支配するに当たり、前王朝よりも古く誇示する必要から、昼夜で二日とし、二倍の古さで琉球王朝を足下に治めるためだったと指摘されています。

従って、鵜草葺不合朝《うがやふきあえずちょう》第四代目がこの鑑石碑文《かがみいしひぶん》を作成させたと推定すれば、昼夜を二日と数えたのは鵜草葺不合朝《うがやふきあえずちょう》第一代から三代に限られたようで、竹内文献の記述内容と完全に一致します。

仮のまとめ

1. この鑑石《かがみいし》表面は、阿祖日大神様《あそひのおおかみ》（天御中主大神様《あめのみなかぬしのおおかみ》）の御名《みな》が刻まれた碑文《ひぶん》です。
2. この鑑石《かがみいし》裏面は、古代の人々の寿命を天皇《すめらみこと》が詔《みことのり》により司っていた事実が物証として証明できました。
3. 古代の人々は一日を昼と夜を分けて各一日計二日としたり、昼夜で一日とした事実が物証として明らかにできました。

4. 世界最古の法典か。

5. この神社には、岩絵の御神体《ごしんたい》もあり、この鑑石碑文《かがみいしひぶん》と比較すると、形式的に岩絵の方が古いように推定できます。それに、この碑文は人の年令だけに内容が限定されており、狭小的です。

6. この鑑石碑文《かがみいしひぶん》の作成年代は、最も古くて紀元前五七九〇〇年と推定されます。ちなみに、ハムラビ法典が紀元前一七二八年から一六八六年であり、鑑石碑文《かがみいしひぶん》の方が遥《はる》かに古いことがわかります。

鑑石の形態について

この鑑石《かがみいし》の表裏の形態は、上部が三角に尖《とが》っています。表は、外郭線に平行に上部が三角に尖《とが》った五角形が線刻されています。この意味はやはり、天《てん》と解すべきと思います。尖《とが》った三角は屋根を表し、天《てん》を意味し、天界《てんかい》を示しています。同様な表現を持つ例として、福岡県北九州市門司区にある淡島神社の岩絵、滋賀県高島市安曇川《あどがわ》安閑《あんかん》神社の岩絵を挙げることができます。

鑑石裏面に書かれたヒフミ祝詞の使用年代

1. 鑑石《かがみいし》裏面の解読結果であるヒフミ祝詞《のりと》を表604として次頁に示します。

次に、各文字を五一音表に出現の順に置き換えて表605として示します。

ただし、ここでは順序は記しません。この祝詞《のりと》に出現しない文字は■で表示して、本来表の中になければならない文字を（　）で示し、タ行のツは二度出現していますが一つと数えます。

また、ナ行のナも補いました。これで五一音のすべてが揃いました。

表604　解読ヒフミ祝詞《のりと》

4	3	2	1	
ヘ	ヲ	ロ	ヒ	a
テ	タ	ラ	フ	b
ノ	ハ	ネ	ミ	c
マ	ク	シ	ヨ	d
ス	メ	キ	イ	e
ア	カ	ル	ツ	f
セ	ウ	ユ	ム	g
ヱ	オ	ヰ	ナ	h
ホ	エ	ツ	ナ	i
レ	ニ	ワ	ヤ	j
ケ	サ	ヌ	コ	k
	リ	ソ	ト	l

二度出現しているものを一つと数えた場合、ツとナの二度の出現により消された文字が■の二文字となります。

これはもちろん、ツとナの二度の出現がなければ祝詞《のりと》の文意が伝わらないためです。しかし、それによって消された■の二文字には重要な意味が隠されていると思います。

これには、タ行チの時代からマ行モの時代に限り有効な祝詞《のりと》であるとの意味が込められています。チからモの時代の年数は、著者の研究により一文字五二〇年です。チからモまでは一九文字です。

◎計算式

一九×五二〇＝九八八〇

九八八〇年の間、この祝詞《のりと》の誓約《うけい》の内容が守られるようにと作成されたのでしょう。

2. 鑑石《かがみいし》表裏の御神《おんかみ》様の御名《みな》の比較検討

1により、表の御神《おんかみ》様の御名《みな》は「阿祖日大神《あそひのおおかみ》」様（天御中主大神《あめのみなかぬしのおおかみ》様）であることがわかりました。

同時に、裏面の御神《おんかみ》様の御名《みな》は「天諸神《あめのしょじん》」様でした。表と裏の御神《おんかみ》様の御名《みな》が異なっていますが、表はこの鑑石《かがみいし》を奉げた御神《おんかみ》様の御名《みな》を、裏は五二神様を祭り、そのお力を借りた誓約《うけい》の文面（祝詞《のりと》）であるとすべきです。

表605 解読ヒフミ祝詞《のりと》使用文字

ア行	カ行	サ行	タ行	ナ行	ハ行	マ行	ヤ行	ラ行	ワ行	ン行
ア	カ	サ	タ	ナナ	ハ	マ	ヤ	ラ	ワ	（ン）
イ	キ	シ	■	ニ	ヒ	ミ	（イ）	リ	ヰ	
ウ	ク	ス	ツツ	ヌ	フ	ム	ユ	ル	（ウ）	
エ	ケ	セ	テ	ネ	ヘ	メ	（エ）	レ	ヱ	
オ	コ	ソ	ト	ノ	ホ	■	ヨ	ロ	ヲ	

「阿祖日大神《あそひのおおかみ》」様とは、「天御中主大神様《あめのみなかぬしのおおかみ》」を指していると思ったほうが自然であると思います。

結論

この幣立神宮《へいだてじんぐう》の御神体《ごしんたい》の一つである鑑石《かがみいし》に線刻された文字により、当時は「阿祖日大《あそひのおお》神《かみ》」様である「天御中主大神様《あめのみなかぬしのおおかみ》」に奉げられた誓約《うけい》の書であることが判明しました。

また、碑文《ひぶん》の記載方法も完璧であると指摘しておきます。優れた叡智です。

不思議な話

この鑑石《かがみいし》の表の書体は、アヒル文字の異字体であり、裏の書体はアヒル草文字です。表の「アソヒノオヲカミ」との訳語は、私が独自にアヒル文字の異字体として解読致しました。井寺古墳の論文をラテフで書くように、平成一七年三月筑波大学を定年退官された工学博士生田誠三先生に勧められ、ご指導を賜りました。

また、その時に教え子である韓国からの留学生（大学院生・博士課程修了、工学博士取得済み）の孫氏を紹介され、ラテフのご指導を賜りました。

ラテフのご指導も一段落しましたので、私は孫氏にたまたまこの鑑《かがみいし》石の論文を見せました。

孫氏は、表の文字を私の顔を窺うように一字一字「ア」ですよね、「ソ」ですよね、「ヒ」ですよね、「ノ」ですよね、「オ」ですよね、「ヲ」ですか、「カミ」ですよね、と言って読み上げていきました。私がそうですと答えると、孫氏は怪訝な顔をされていました。

私が、よくお読みになれましたねと言いましたら、孫氏は、これはハングルですと答えました。そこで私は、自分は全くハングルを知りませんし読み書きできませんと申し上げました。これは日本の文字ですと告げると、孫氏はさらに驚いていました。

私がこの鑑《かがみいし》石の神代文字であるアヒル文字の異字体を解読できたのは、アヒル文字は子音と母音を左右に並べて一音としており、これをお手本として鑑《かがみいし》石の神代文字を解読したからです。

この鑑《かがみいし》石の文字がアヒル文字の異字体としたのは、よく観察すると、左右にあるべき子音と母音の文字の部分が上下になって多少角度を以って描かれていたからです。私にはハングルを読んでいたとの認識は全くありませんでした。

私は、すべての文字は日本から出ていますと孫氏に説明しました。ハングルは、一五世紀に李朝鮮王朝第四代目の世宗王が、漢字は難しいのでハングルを作成して一般に流布させたというのは私も承知していました。孫氏は、ハングルの一部にフ字形を用い、これが農民の用いる鎌を意味しており、農民にもわかりやすい文字を王様が作ったと学校教育で教え込まれて来たと言われました。元は日本の文字ですと私に知らされ、大変なカルチャーショックを受けたようです。

さらに、孫氏は、なぜ表がハングルで裏がアヒル草文字なのでしょうかとの鋭い質問を返してきました。私は、御神様《おんかみ》の御名《みな》は楷書で、内容は草書で書いたものと理解していますと答えました。

なお、孫氏によると、韓国では「神」を「シン」と読み、「カミ」とは読まないそうです。この鑑石《かがみいし》の文字の最後は、明らかに「カミ」であり、「シン」ではないので、日本語であり、これによって日本の文字であることが証明されたことになるのではないでしょうか。

また、幣立神宮《へいだてじんぐう》の始まりは、境内の千年杉が一五代目であり、一万五千年の歴史があると神宮《じんぐう》の方はおっしゃっていました。

従って、韓国（朝鮮）で一五世紀にハングルが作成されたというのは事実でないことがわかります。

アヒル文字の異字体（ハングル）文字

1．鑑石《かがみいし》の作成年代（竹内文献による）（第二回目）

(1)作成者は、鵜草葺不合《うがやふきあえず》朝《ちょう》第四代、玉嚙尊《たまおぎみこと》天津《あまつ》日嗣《ひつぎ》彦《ひこ》天《あま》日《ひ》天皇《すめらみこと》とします。人の寿命は、先代の第三代、眞白玉眞《ましらたまま》輝彦《かかひこ》天《あま》日《ひ》天皇《すめらみこと》の詔《みことのり》により、二〇〇〇歳以下と定められました。

なお、二〇〇〇の数字は、大西詔治氏指摘の通り、一〇日を一歳として示されているようです。当時、一年は三六三・二五日でした。

計算をしてみます。

三六三・二五÷一〇＝三六・三二五

二〇〇〇÷三六・三二五＝五五・〇五八

約五五歳となりました。

答えは、約五五歳の寿命でした。

(2)この碑文《ひぶん》のヒフミ祝詞《のりと》に、「夜幾積《よいつ》むなや」とあり、一日を昼夜で二日に数えてはならない、「偽《いつわ》ぬぞ」とあります。

右の誓約《うけい》を守れば、人の寿命は五五歳であり、医療環境、食糧環境から推測してもまあまあの寿命と思えます。

(3)前記の鵜草葺不合朝《うがやふきあえずちょう》第四代、玉歯尊《たまおぎみこと》天津日嗣彦天日《あまつひつぎひこあまひ》天皇《すめらみこと》と鵜草葺不合朝《うがやふきあえずちょう》第七三代神武天皇《じんむてんのう》との間には、六八人の天皇《すめらみこと》がおわしました。

(4)各天皇《すめらみこと》の在位年数を平均一五年とします。

計算します。

六八×一五＝一〇二〇年

となります。

(5)神武天皇《じんむてんのう》の即位元年は、紀元前七五六年です。

昭和一六年が紀元二六〇〇年であるとされています。昭和一六年は、西暦一九四一年です。

計算します。

二六〇〇－一九四一＝六五九年

となります。

つまり、紀元前六五九年が神武天皇《じんむてんのう》の即位元年であると日本史では思われていますが、これは正しくありません。紀元前七五六年が正しい神武天皇《じんむてんのう》の即位元年です。九七年ほど誤差が存在します。

(6)鑑石《かがみいし》の作成年代

計算します。

七五六＋一〇二〇＝一七七六年（※二）

つまり、遅くとも紀元前一七七六年頃には作成されていたと思われます。

ここで問題となるのは、１４４頁の第一回目の計算結果は紀元前五七九〇〇年（※一）でしたが、今回の計算では紀元前一七七六年（※二）となっていることです。その差は、

五七九〇〇－一七七六＝五六一二四

このように、五六一二四年の差異が生じます。空白の五六一二四年間です。この空

白の五六一二四年間は、竹内文献等では埋めることはできません。なぜなら、神武天皇の即位元年、紀元前七五六年と皇統第二二代天照天皇《あまてらすのすめらみこと》の崩御の年が、紀元前六三六九四年であるとの史実は不動であるからです。空白の年数に関しては、別稿に譲りたいと思います。空白の年数も再検討致します。もっと短いようです。

ただし、この鑑石碑文《かがみいしひぶん》の作成年代は、紀元前一七七六年頃が概ね正しいと思われます。

2. 李王朝世宗王について

(1) 世宗王の即位年

「世宗大王とハングル」(片野次雄著、誠文堂新光社)には、次のように記載されています。

「李朝朝鮮国王第三代目の国王・大宗の第三子・忠寧大君『祹《とー》』が、第四代目の朝鮮国王に登極したのは、朝鮮王朝檀君暦三七五一年のことである。この年は、西暦では一四一八年にあたり、邦暦にはめれば、応永二五年になる」

とあります。

(2) 同文献によれば、世宗王と成三間の学士たちにより、西暦一四四三年(世宗二五年・

嘉吉三年）一二月にハングル文字が完成したとあります。

3. 検討

(1) 改めて検討するまでもなく、朝鮮の歴史は嘘で塗り固められています。ハングル文字と呼ばれている文字は、日本のアヒル文字の異字体文字であり、日本固有の文字です。幣立神宮鑑石《へいだてじんぐうかがみいし》の表文字は、紀元前一七七六年にすでに使用されています。一方、世宗王がハングルをつくったとされるのが西暦一四四三年です。

計算をします。

一七七六＋一四四三＝三二一九年

となり、三二一九年の差が歴然と存在します。

(2) この鑑石《かがみいし》の表は、アヒル文字の異字体（ハングル）で書かれ、裏はアヒル草文字で書かれています。表裏ともにアヒル文字の異字体（ハングル）で書かれていれば、この鑑石《かがみいし》を朝鮮半島から持って来たとの反論も可能ですが、祝詞《のりと》自体がアヒル草文字で書かれており、その主張は通りません。

また、「カミ」と書かれており、「シン」とは書かれていません。

いずれにしても、朝鮮半島の人々はこの事実に反論はできません。

4. 結論

ハングル文字と呼ばれているアヒル文字の異字体文字は日本古来の文字であり、朝鮮李王朝第四代目世宗王が考案した確立は九九・九九九九九九九%ないと思います。

第二部　キリストの真実

第一章　杉田岩刻画の意味を解明する

～山口県下関市彦島江の浦

はじめに

杉田岩刻画を解明するに当たり、調査中の写真７０１と復元した図７０１を掲載します。

なお、図の拓本は山口市立歴史民族資料館名誉館長内田伸氏採版によるものを、地元稲富十四郎氏よりご提供を得たものを使用いたしました。

また、写真、図ともに右に九〇度回転して掲載しています。

さらに、図７０１には、今回は番号をふりません。私の説明文をお読みになり、図上の絵を追って、深く深くご理解下さい。イッサー・キリスト（火之大神《ひのおおかみ》様は、イエスではなく、イッサーと呼ぶのが正しい）とお教えていただきました。

また、イエス・キリストと呼ぶなとの仰せでありますので、以降は天空望（てんくうぼう）と呼びます。この時代、御神神《おんかみがみ》様の希望の星であったそうです。希望とは、「御神神《おんかみがみ》様の仕組と宇宙の仕組」を解き明かすことのできる可能性の最も高い人であったため、と火之大神《ひのおおかみ》様は仰せです。

天空望《てんくうぼう》の思いが読者の心へ染み入るはずです。

キリスト教徒である方は、聖書のことは一切お忘れ下さい。ユダヤ教徒の方々は、旧約聖書のことはお忘れ下さい。仏教徒の方々も、回教徒の方々も、ヒンズー教徒の方々も一切の経典から離れ、心静かにお読み下さい。天空望《てんくうぼう》が本当に苦悶《くもん》し、真理を会得し、人々にいかに眞《まこと》を伝えたかったかが心底おわかりいただけると思います。モウシエ、釈迦《しゃか》、天空望《てんくうぼう》（本人）、ムハンマド、伝教大師、弘法大師、日蓮聖人らが探求したが辿り着けなかった真理に、この岩絵は限りなく近づいた状況を醸《かも》し出しています。

では、解明に入ります。

写真701 杉田岩刻画
(研究途上であり、復元図そのものではありません)

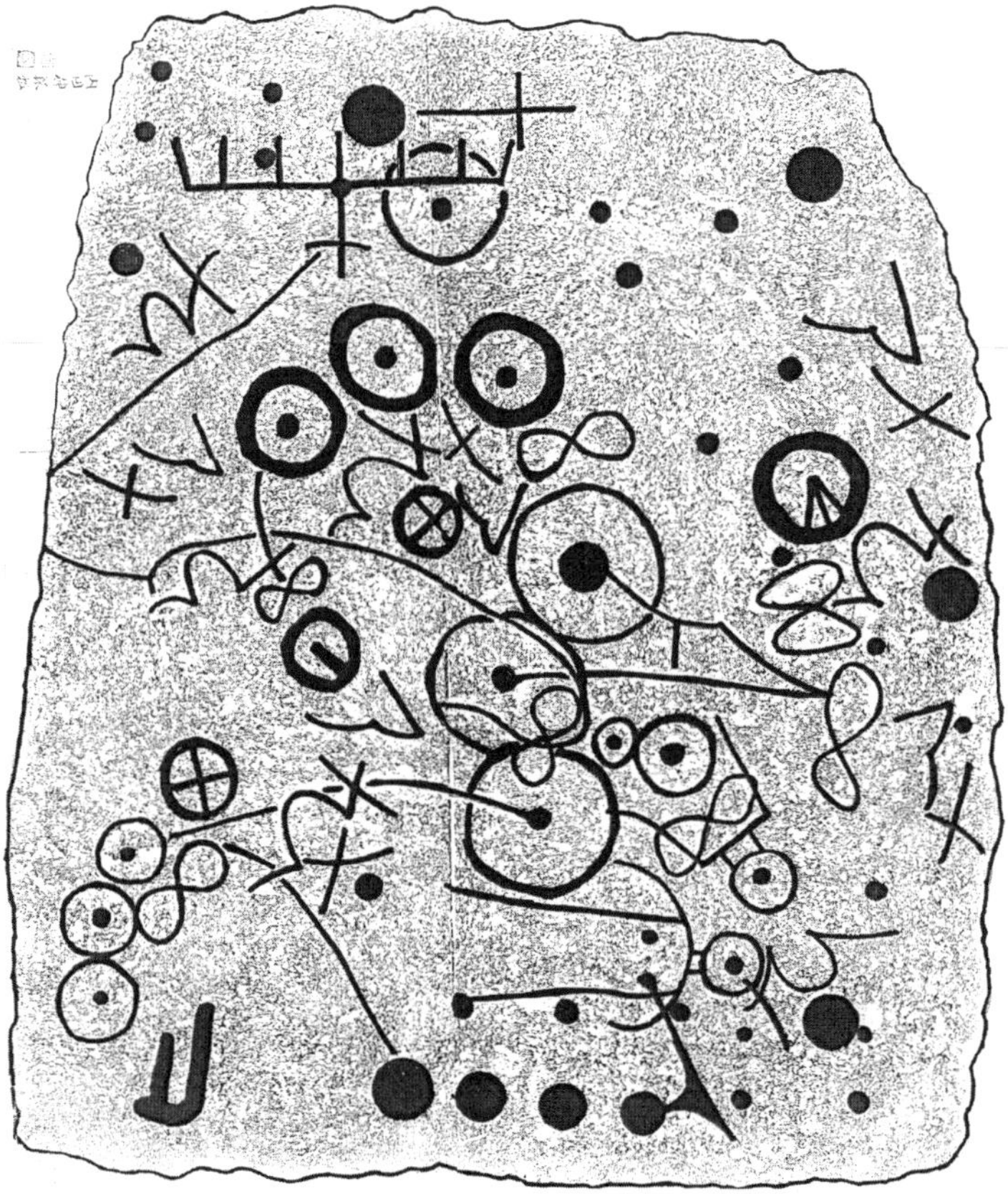

図701 杉田岩刻画復元図

作成者

天空望《てんくうぼう》（俗称イエス・キリストですが、正しい名前ではありません）、日本名天空望《てんくうぼう》その人です。

作成年代

西暦一八年頃（天空望《てんくうぼう》が一八歳から二〇歳の頃と思われます）

作成依頼

天空望《てんくうぼう》は、一三歳の砌《みぎり》、祖国イスラエルを離れ、ギリシャ、エジプトに向かい、中東を経てインド、チベット、中国から天国の国・日本を目指して旅をし、日本に辿り着いて天《すめら》皇《みこと》に拝謁し、天皇《すめらみこと》の皇子であり神道《しんとう》に長けた神官に師事し、日本神道《しんとう》を勉強しました。

天空望《てんくうぼう》は、すでに一三歳の時、ユダヤ教の神官（ラビ＝教師）と問答して悉《ことごと》く打ち負かしたと伝わっています。天空望《てんくうぼう》は、幼少の砌《みぎり》より御神《おんかみ》様と交信していたと思われます。従って、ユダヤ教の不足なるところを承知しており、その何かが会得できず、天国である御神《おんかみ》様の国・日本に来てその真理を探ったのでしょう。

来日して間もない頃、山口県下関の地域を治める皇子か王に懇願されて、杉田の地に御《おん》神神《かみがみ》様を降臨《こうりん》させる磐座《いわくら》（現在の神社）をつくるよう依頼されました。

もちろん、外国から来た優れた神通力者としてその名が日本中に轟いていたことでしょう。天空望《てんくうぼう》がヘブライの民であることは、天皇《すめらみこと》も神官も承知しており、かつ来日の目的も十二分に承知していましたので、彼を温かく迎え入れました。

下関を治める為政者の求めに応じ、天空望《てんくうぼう》（すでに天空望《てんくうぼう》の名を天皇《すめらみこと》より下賜《かしょう》されていたかも知れません）は、全精力を傾け、その日までに知りえた御神神《おんかみがみ》様の仕組をこの岩に線刻し始めました。

作成方法

1. 北斗七星の観測

天空望《てんくうぼう》は、晴れた星空のよく見える真夜中に、助手一名を伴い、六〇センチ×四五センチの四角い枠に縦横に八本ずつ糸を張り、四五センチの幅に真北に向けて杭を二本建て、前掲枠を杭に取り付けました。高さは、目の高さ程度としました。

天空望《てんくうぼう》は、枠の後方間近かの木に寄りかかり、頭と目を固定しました。北の空に輝く北極星とそれを取り巻く北斗七星を、順次、助手に指示し、縦と横の糸を按配して各星の位置に糸の交点を天空望《てんくうぼう》が片目で見た位置に合わせました。

これで、北極星と北斗七星の観測は無事修了です。

2. 構図の描画

天空望《てんくうぼう》は、北斗七星を基本に描画することを決めました。

ギリシャ神話のヘラとヘラクレスのミルキーウェイ（銀河）の星産みの神話を取り込むことを決めました。

また、エジプトで見たトランプカードの構成を取り入れることを決めました。

神界《しんかい》における御神神様《おんかみがみ》を正しく表現することに努めることを決意しました。これが最終目的でした。

3. 使用文字

上古第一代天《あま》日《ひ》豊本《とよもと》葦牙《あしかび》気《け》皇主《おうぬし》天皇《すめらみこと》のアヒル草文字と鵜草葺不合《うがやふきあえず》朝《ちょう》第七一代天照《あまてる》国照《くにてる》日《ひ》子《こ》百《もの》日《ひ》臼杵《うすきね》日《ひ》嗣天皇《つぎすめらみこと》の編纂されたカタカナ文字の二種類の文字を使用することを決めました。

4. 描画の方法

岩の表面に蝋石《ろうせき》でスケッチを行いました。北斗七星は、観測した糸の枠をそのまま岩の左下隅と右上隅の所定の場所に置き、トランプの数字と同じように対角線上に観測したままの北斗七星を写し取りました。

先端の固く尖《とが》った石英の石を左手に持ち、蝋石《ろうせき》の白い線をこつこつ、こつこつと掌《てのひら》に血を滲《にじ》ませながら敲《たた》いて線刻していきました。来る日も来る日も。御神神様《おんかみがみ》に思いを馳《は》せつつ。

メッセージは何か

天空望《てんくうぼう》自身が死して後、後世の誰かがこの杉田岩刻画の意味を解明し、御神神様《おんかみがみ》の真理を悟り、不足を補い、御霊《みたま》に報告されんことを希望している胸の内を秘めて線刻しました。

不足の謎を解いて欲しいとの天空望《てんくうぼう》のメッセージが込められています。

岩絵の解明

第一

図701（以後単に図と表現します）の左下を注目してください。四つの星とメノーラの交点に一星、円に囲まれた一星、その上方に一星が描かれています。これがこの岩刻画作成当時の北斗七星であり、配列も当時のままです。これが基本の北斗七星です（179頁の証明図702をご覧下さい）。

観測のままの北斗七星がありましたので、今度は右上をご覧下さい。大きな星の上に小さな星が描かれています。この星から右へ、さらに下へ、再び左へ、女神様の肩、腰、足と、逆さまになった北斗七星が描かれています。左下の北斗七星と点対称に描かれていま す。トランプの数字表記と同一です（証明図７０２をご覧下さい）。

同じく左下に左上がりの斜めの線があります。この線の左下側に漢字の九に、尾ひれのついた神代文字があります。これはアヒル草文字で「の」と読みます。斜め線の右側にカタカナで「アメ」と書かれています。「[illegible]＝の」を「ノ」と書き記すと設計図面表記による引き出し線の線と間違われる可能性があり、それを避けるため、あえて「[illegible]」の文字を用いたようです。「アメ[illegible]」で天《あめの》を示しています。

また、[illegible]の文字の下の一星は北極星を示しています。

続いて、ユダヤ教で用いる「メノーラ」が記されています。これは、天七神様《あめのしちしん》を表すもので、ユダヤ教も日本神道《しんとう》から発生している証拠を示しています（１７９頁の証明図７０3をご覧下さい）。

もちろん、天空望《てんくうぼう》も十分に理解していました。メノーラの下方に十字が描かれていますが、これは御神様《おんかみ》を示します。

つまり、天七神様《あめのしちしん》を示しています。

ただし、残念ながら地元の高校生（キリスト教徒か？）によりサンダーで削り取られています。

第六星は、円で囲まれています。天文学では、北斗七星の六番目の星は、ペア星であることが知られています。これが後の説明に欠かせないので、天空望《てんくうぼう》はよくよく円で囲いました。

メノーラの左脇に、ほんのうっすらとではありますが、紛れもない十字架が描かれています（１８０頁の証明図７０４をご覧下さい）。

第二

図左上三〇度斜めに、第一で説明した北斗七星の星星の間隔を一・五倍に拡大して描いています。ただし、第六星、第七星の間隔は岩の面からはみ出さないように拡大倍率を小さくして描いています。

第三

図中央左下側に注目して下さい。三つの星が太い円で囲まれています。アメれと書かれており、天三神《あめのさんじん》様が描かれています。下から順に、天御中主大神《あめのみなかぬしのおおかみ》様、天高御産巣日大《あめのたかみむすびのおお》神《かみ》様、天神産巣日大神《あめのかみむすびのおおかみ》様が大切に描かれています。数学記号である∞のマークが描かれています。これは、御神様《おんかみ》の無限の力を現しています。あるいは、「様」と読んでよいと思います。

第四

図左下側メノーラの左中央に大きな星が一つ描かれています。本来は左廻りであるべきですが、右に回っています。

次に、左上隅に大きな星が描かれています。続いて、図中央上、図右上、右側やや下方に同じく大きな星が描かれています。合計五つであります。これは、天五神様《あめのごしん》を示しています。

以上のことから、天七神様《あめのしちしん》、天五神様《あめのごしん》、天三神様《あめのさんじん》が表現されていることが確認できました。

これこそが、「七、五、三」の原点です。

第五

次に、天九神様《あめのきゅうしん》はどこにおわすのでしょうか。図右上をご覧下さい。胸に∞のマークを付けた一つ目の男神様《だんしん》らしき姿が描かれています。臍《へそ》とその下に一星が描かれています。この男神様《だんしん》は、三つの星を数えることができます。その右に一つ目の女神様《じょしん》を確認できます。両腕を広げ、胸には乳が二つ描かれています。左の胸からはお乳が吹き出しています。その滴《しずく》が三滴《さんてき》垂《た》れ、四滴目《よんてきめ》が天五神様《あめのごしん》になっています（181頁の証明図705をご覧下さい）。

乳から出た三滴目《さんてきめ》の星から逆に遡って、星の数を数えていきます。お乳の三、胸の二、顔の一、続いて男神様《だんしん》の三。六＋三＝九で天九神様《あめのきゅうしん》が描かれていました。

第一で北斗七星を円で囲み、ペア星であるとの喚起がご理解いただけたと思います。夫婦神《しん》に例え、女神様《じょしん》の乳から星を産ませた物語がご理解いただけたと思います。

第六

さらに、天一二神様《あめのじゅうにしん》はどこに表現されているのでしょうか。

図中央に、大きな円で囲まれた三神様《さんじん》が描かれています。Aの文字の引き出し線が中央右上の∞のマークに向かっています。これは、男女神様《だんじょしん》の九神様《きゅうしん》に、さらに三神様《さんじん》を加えなさいとの意味です。九＋三＝一二です。ここに天一二神様《あめのじゅうにしん》が描かれていました。

第七

続いて、天一五神様《あめのじゅうごしん》はどこに表現されているのでしょうか。図中央左上をご覧下さい。太い円の中に、中心から三本の線が描かれています。これも天三神様《あめのさんじん》を表しています。一つの円でコンパクトに天三神《あめのさんじん》様を表現しています。

前掲Aの引き出し線の途中が折れており、この天三神《あめのさんじん》様の円の中心に向かっているのがおわかりいただけると思います。天一二神《あめのじゅうにしん》様に、さらに天三神《あめのさんじん》様を加えるとの意味です。一二＋三＝一五。天一五神《あめのじゅうごしん》様が表現されていました。

第八

天一六神《あめのじゅうろくしん》様は表現されているのでしょうか。残念ながら、なかなか見つけ出すことができません。ここまで表現されていますので、必ず表現されているはずです。空なる御神《おんかみ》様である天武甕槌大神《あめのたけみかづちのおおかみ》様ですので、空なる場所を図中に探します。

天三神《あめのさんじん》様の上方、コンパクトに描かれた天三神《あめのさんじん》様の左に、北斗七星の柄杓《ひしゃく》の杓《しゃく》の部分が観測した北斗七星の一・五倍に描かれて空間を設けています。この空なる場所こそが天《あめの》一六神《じゅうろくしん》様のおわします場所で、天一六神《あめのじゅうろくしん》様が表現されていると思います。

第九

図右下をご覧下さい。カタカナで「ヒ」と、逆さまに書かれています。これは、現界《げんかい》とは逆に映るとの認識のもとに、逆さまに描いていると思われます。

さらに、小さく三つの星を円で囲っています。これは、地《ちの》（天《てん》に対する地《ち》で地上《ちじょう》の地《ち》を示すものではありません）三神《さんじん》様を示しています。地三神《ちのさんじん》様とは、天照大神《あまてらすのおおかみ》様、素戔嗚《すさのおの》大神《おおかみ》様、月読大神《つきよみのおおかみ》様です。「ヒ＝霊」の界である幽界《ゆうかい》を支配しています。

第一〇

図中央やや左下に、丸に十の字（⊕）が描かれています。図右下地三神《ちのさんじん》様の左に、同じく⊕が描かれています。天三神《あめのさんじん》様の右脇の⊕と、地三神《ちのさんじん》様の左の⊕の中間に、円の中心から右上に直線が描かれた円があります。

これらの関係は、一体何を示しているのでしょうか。最初はよくわかりませんでした。

しかし、これらの関係は私自身、すでに解き明かしている事柄でした。

⊕は御神神《おんかみがみ》様を表している。天《てん》と地《ち》の御神神《おんかみがみ》様に各々関係する御神神《おんかみがみ》様である。

金城良直先生にお助けいただきました。

天《てん》と地《ち》の⊕は、天《てん》に関する四神《よんしん》様、地《ち》に関する四神《よんしん》様を示し八神《はちしん》様を示しています。

丸に半分の上り線。？マーク、鍵穴、キーポイントを示しており、天空望《てんくうぼう》が最後の最後まで解明できなかったことを正直にこのように表現しました。

これらの御神神《おんかみがみ》様の関係を正しく神応《かんのう》できた人は、金城良直先生と私だけです。金城良直先生は、火之大神《ひのおおかみ》様からご示唆いただいたそうです。私は図に描き、八神《はちしん》様の繋ぎの様態の真理を会得しました。

答えは、天系四神様《てんけいよんしん》、地系四神様《ちけいよんしん》で、天御神様《あめのおんかみ》と地御神様《ちのおんかみ》をお繋ぎするのが「八神様《はちしん》」のお働きであることです。天空望《てんくうぼう》の不足は、八神様《はちしん》の存在は理解したものの、その働きの様態に思いが行き着かなかったことにあります。

しかし、他の日本人に先駆け八神様《はちしん》の存在を理解したことは、やはり優れた神道家《しんとうか》であったと賞賛できるものです。

仮に、天空望《てんくうぼう》が八神様《はちしん》を正しく理解していたとすれば、天《てん》の⊕から点を小さな円で囲い、地《ち》の⊕に向けて三つ描いたはずです。同様に、地《ち》から天《てん》に向けて三つ描き、鍵穴の図柄には、円の中二つの星を並べて描いたはずです。

もちろん、七つの円は接していなければなりません。これで天《てん》と地《ち》の御神神様《おんかみがみ》が繋がるのです。

証明図

前項における岩絵の解明、第一から第五における証明図７０２から証明図７０５までを、以下に掲載します。

右側および上段が、岩絵に描かれている部分を抽出した図です。

左側および下段は、抽出した図に対比する資料の写真です。出典は各写真下部に記します。

ヨーロッパ的なものの四項目が一画面に出揃うことは、単なる偶然ではあり得ません。

過去の日本人には、この岩絵は決して描くことはできなかったでしょう。

作者その人を証明して余りあります。

トランプカード
（ダイヤの7）

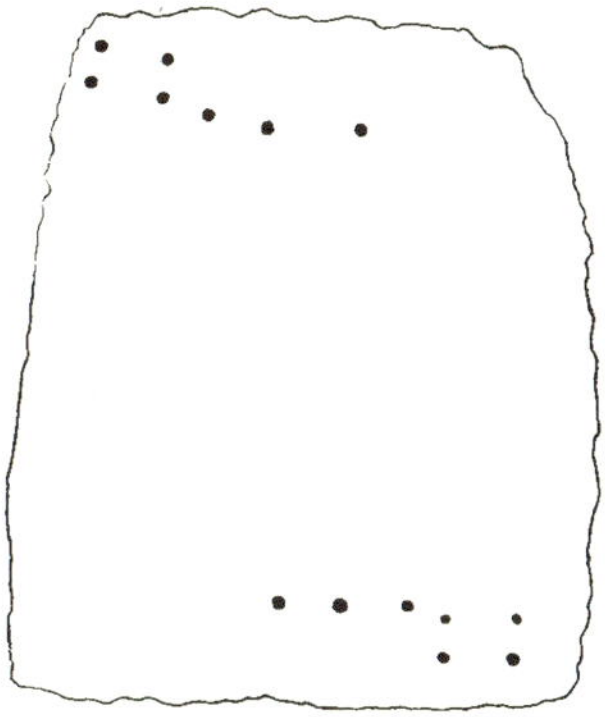

トランプ構成図
（北斗七星）

証明図702 北斗七星とトランプ対比図

（「世界宗教の謎　ユダヤ教」
カス・センカー著、佐藤正英監訳、
ゆまに書房より）
メノーラ

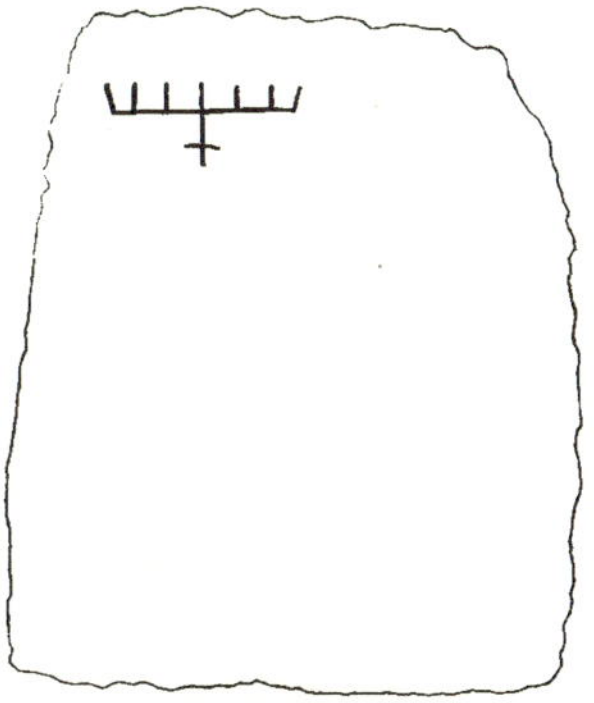

注）実際には左半分が削り
とられています。
メノーラ図

証明図703 メノーラ対比図

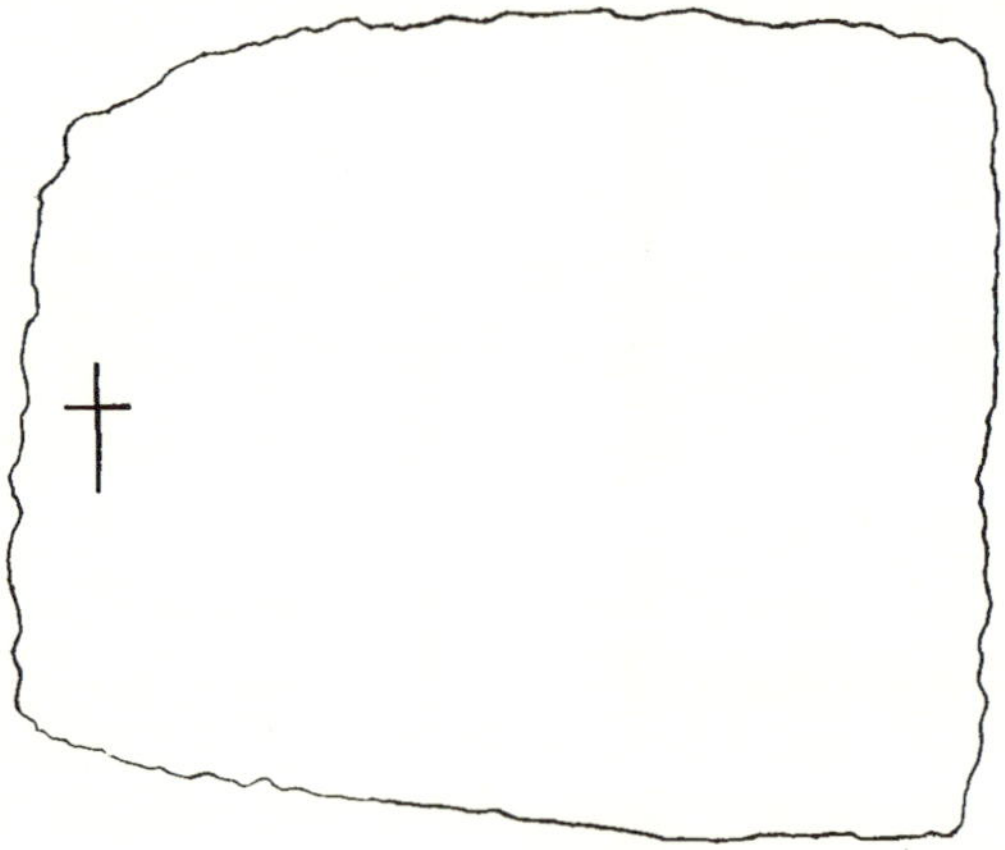

十字架構成図

注）杉田岩刻画に最も近いキリスト教会等です。
キリスト教会の屋根等に立つ十字架の写真
（写真は、稲富十四郎氏提供による）

証明図704　十字架対比図

乳の道神話構成図

ギリシャ神話のヘラとヘラクレスの乳の道神話の絵画
（「星の神話伝説図鑑」藤井旭著、ポプラ社より）

証明図705 ギリシャ神話における乳の道神話の対比図

結論

いかがでしょうか。天空望《てんくうぼう》は真理である日本神道《しんとう》を探求し、限りなく真理に近づき、祖国イスラエルに帰り、ローマ帝国の圧制から祖国の人々を救済したいと願ったことでしょう。ユダヤ教は、ダビデのマークにあるように、天三神《あめのさんじん》様と地三神《ちのさんじん》様を重ね合わせただけでは御神神《おんかみがみ》様は繋がらないことを、天空望《てんくうぼう》は幼くして気付いていたに違いありません。この八神《はちしん》様の探究こそが、本来の天空望《てんくうぼう》の生涯の命題でした。自ら不足であり、御神《おんかみ》様ではなく人であるが故に、十字架の下を不足として長く引き伸ばしたものです。

トランプは、文献によると一三、四世紀のヨーロッパで発祥したとの説と、エジプトで発祥したとの説があります。天空望《てんくうぼう》がエジプト説を証明してくれていました。エジプトにおけるトランプ図柄の採用、ギリシャにおけるヘラとヘラクレスの星産み神話、ユダヤ教における七本の燭台のメノーラによる天七神《あめのしちしん》様の表現、さらに十字架そのものの描画。これらを総合して一画面に描けるのは、天空望《てんくうぼう》その人以外他にあり得ません。

天空望《てんくうぼう》は、聖書にある如く「父なる神《かみ》」だけを説いたのではなく、特に天一六神《あめのじゅうろくしん》様まを人々に説こうとして帰国したのです。しかし、杉田岩刻画に描かれた御神神様は、日本神道《しんとう》の真理そのものです。天空望《てんくうぼう》が説きたかった真理は、杉田岩刻画の御神神様《おんかみがみ》の世界を説くことであったことがおわかりいただけたと思います。

なお、父なる神とは、天御中主大神様《あめのみなかぬしのおおかみ》で「ア神様《しん》」とお呼び申し上げます。父なる御《おん》神《かみ》様をヤアエと言っていますが、これは日本語です。ヤは屋根のヤで天《てん》を示し、アはア神《しん》様を示しています。エはエンボスの円没《えんぼっす》の意味であり、一点を示し、唯一、中心、他にはいないの意味です。すべては日本語です。アーメンもアメノの意味です。天空望《てんくうぼう》が身近に感じられたのではないでしょうか。

おわりに

私が最終的にこの杉田岩刻画のすべてを理解できたのは、二〇〇六年五月二三日のことです。理解できたとき、涙が止めどなく流れました。天空望《てんくうぼう》の説きたかった御神神様《おんかみがみ》の世界と聖書の世界のあまりの乖離《かいり》に、天空望《てんくうぼう》の深い悲しみが伝わってきました。祖国イスラエルでの布教は何の成果もなく、弟子を名乗った人々に背かれ、理解されなかったと思います。

この話を金城良直先生に一日置いて伝えました。この時、火之大神様《ひのおおかみ》からお言葉が伝えられました。その涙は「感涙ぞ」と告げられました。天空望《てんくうぼう》が私を使い、泣いて喜んでいただけたとのことでした。

さらに、金城良直先生から、火之大神様《ひのおおかみ》のお言葉が告げられました。

モウシェは、「富裕者に利用された」と告げてきました。

釈迦《しゃか》は、「弟子に偶像の崇拝は禁じたが、四〇〇年後勝手に解釈をし、弟子など一人もいない」と告げてきました。

天空望《てんくうぼう》は、「弟子はいない。彼らに利用された。吾は人であり神《かみ》ではない。人を愛し女児をもうけた。母マリヤは聖母とされていることが苦しいと嘆いている。処女受胎などありえない」と告げてきました。

ムハンマドは、「アラーアクバルのすべては理解できなかった」と告げてきました。

弘法大師は、「やはり御神神様《おんかみがみ》の仕組を解くには至らなかった」と告げてきました。

伝教大師は、「弘法大師より著名でなかった分助かった」と告げてきました。

日蓮聖人は、「悟りを開くに当たり、《神よ、教え賜え》と御神様《おんかみ》を呼び捨てにしていた不遜の態度を深く反省している」と告げてきました。

杉田岩刻画を正しく解明した成果に対して、以上の如く七聖人の御霊《みたま》の告白を火之大神《ひのおおかみ》様から金城良直先生を通じてお言葉を賜りました。

このように、七聖人、特に釈迦《しゃか》、弘法大師、伝教大師、日蓮聖人ともに、仏に仕えることなく幽界《ゆうかい》にあって御神神《おんかみがみ》様に仕えていることがおわかりいただけたと思います。仏などはいないのです。幻に過ぎません。なぜなら、仏教は天一六《あめのじゅうろく》番目の御神《おんかみ》様と地一二神《ちのじゅうにしん》様、合計一三神《じゅうさんしん》様に仏の名前を被《かぶ》せただけだからです。八神《はちしん》様、縁結びの御神《おんかみ》様、中立・仲立の御神《おんかみ》様、その他の御神神《おんかみがみ》様に仏名を付けて宗教にしたに過ぎません。大乗仏教こそ一番罪深いのです。

過去において、火之大神《ひのおおかみ》様は、御神神《おんかみがみ》様の仕組を解くようにと前述の聖人七人に告げたそうです。しかし、いずれの聖人もこれを解くことができませんでした。八度目に、金城良直先生と私に二人で解けとの火之大神《ひのおおかみ》様からの御下問であるとのことです。今、御神神《おんかみがみ》様の仕組を解かなければ二度と人類は解くことができないそうです。最期の機会であるとのことです。

現在、御神神《おんかみがみ》様の仕組はほぼ解明が終わりつつあります。残っているのは、天一六神《あめのじゅうろくしん》様の各お働きを解明することと、宇宙の仕組を解明することです。

なお、山口県萩市出身の故山根キク氏は天空坊と記していますが、天空望が正式であると火《ひ》之《の》大神《おおかみ》様にお教えいただきました。

さらに、火《ひ》之《の》大神《おおかみ》様は、天空望《てんくうぼう》を「空を飛んだ奴」と呼んでいました。天空望《てんくうぼう》はまた、火《ひ》之《の》大神《おおかみ》様から遣わされた伝道師であり、神《かみ》様ではない、と告げてきました。

お願い

三菱重工業株式会社、下関市役所、山口県、文化庁、文部科学省の関係各局は、この杉田岩刻画を破壊されないように保護していただきたいと思います。一部破壊された部位は補修していただきたい。数年後には世界遺産となること必定です。一企業が所有するのではなく、公的機関が所有し、道路を整備して、世界の人々に公開すべきであると思います。地元の方々も政治家も文化人等も、ぜひご助力の程お願い申し上げます。

御礼

この杉田岩刻画の資料をお送りいただいた元下関市教育委員会文化財課萬松氏、現地調査にお付き合いいいただいた、るり学園前園長村上修好先生、友人の松室將幸氏、地元の稲富十四郎氏、拓本を採版された山口市立歴史民族資料館名誉館長内田伸氏、村上修好先生に木の杖をお貸しいただいたりバケツに水を汲み石鹸とタオルをご提供いただいた地元の皆さまに感謝申し上げます。

解釈不明な点をお助けいただいた金城良直先生に感謝申し上げます。

第二章　淡島神社境内の岩絵の意味を解明する

〜福岡県北九州市門司区

写真801　淡島神社境内の岩絵

岩絵の意味を解明するに当たり、写真801を掲載します。

　この岩絵は、現在参道の坂を上った右側の植え込みの中に安置されています。植え込みの木があり、岩絵の全面を撮影することはできませんでした。

　従って、解明には「ペトログラフ・ハンドブック」（吉田信啓著、中央アート出版社）の写真を用いて行います。

　その写真と私の作成したスケッチを掲載します。ご参照下さい。

写真802 淡島神社境内の岩絵 2

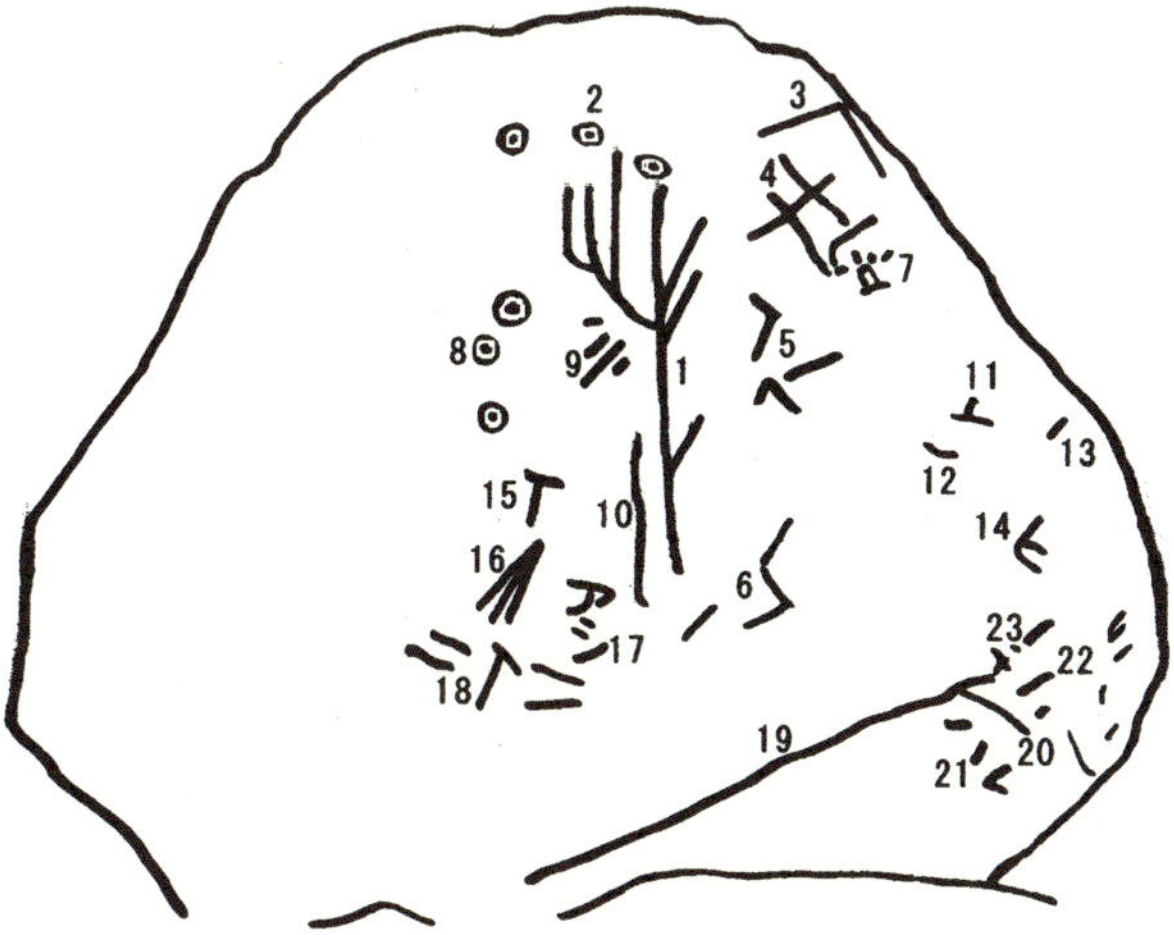

図801 淡島神社境内の岩絵 2 スケッチ

はじめに

前頁上段の写真８０２「淡島神社境内の岩絵２」を参照して下さい。写真だけではわかりにくいので、下段に岩絵の線刻をなぞった図８０１「淡島神社境内の岩絵２スケッチ」を用意しました。このスケッチにより、岩絵の意味を解明していきます。

スケッチの説明

線刻のスケッチを、部分的に1から23まで番号を付けて分割します。1から22まで一部順不同となりますが、各部分（番号）について順次説明していきます。

番号1は、

天七神《あめのしちしん》様を示すツリーです。ツリー自体は北斗七星を示し、天七神《あめのしちしん》様が表現されています。

番号2は、

点を○で囲っているのが二つ認められますが、ツリーの真ん中上部にも、もう一点認められます。合計三つを数えることができます。これは天三神《あめのさんじん》様を示していると思われます。

番号3は、

切妻《きりづま》屋根の形を示しており、天界《てんかい》を示し、「天《あめの》」との意味を表しています。

番号4は、

キの字のように描かれ、画数が三であり天三神《あめのさんじん》様を表しています。

天御中主大神《あめのみなかぬしのおおかみ》様

天高御産巣日大神《あめのたかみむすびのおおかみ》様

天神産巣日大神《あめのかみむすびのおおかみ》様

以上で天三神《あめのさんじん》様がお揃いになりました。

番号5は、

画数を計算すると五画となります。下側の三に上の二を加えた形となっています。

天五神《あめのごしん》様を表しています。

右三神《さんじん》様に加える二神《にしん》様は、

天宇麻志阿斯訶備毘古遅大神《あめのうましあしかびひこぢのおおかみ》様
天常立大神《あめのとこたちのおおかみ》様
以上で天五神《あめのごしん》様がお揃いになりました。

番号6は、

Sの画数は三画ですが、その示すところは七です。Sの下にもう一本線が描かれています。この線は、天七神《あめのしちしん》様を示すツリーとSを仕切る線です。

従って、天七神《あめのしちしん》様を表しています。

右五神《ごしん》様に加える二神《にしん》様は、
天国常立大神《あめのくにのとこたちのおおかみ》様
天豊雲野大神《あめのとよくもぬのおおかみ》様
以上で天七神《あめのしちしん》様がお揃いになりました。

以上の通り、七・五・三が描かれており、七、五、三を加えると一五となり、天一《あめのじゅう》五神《ごしん》様がお揃いになりました。

岩絵に向かって左脇が空いています。ここには天一六神《あめのじゅうろくしん》様であり、空《くう》の御神《おんかみ》様である天武甕槌大神《あめのたけみかづちのおおかみ》様がおわします。この絵の制作者は、天一六《あめのじゅうろく》番目の御神《おんかみ》様を空間を使って上手に表現しています。

以上で天一六神《あめのじゅうろくしん》様がお揃いになり、天御神神《あめのおんかみがみ》様はすべてお揃いになりました。

番号7は、

画数四を示しており、天系四神《てんけいよんしん》様を示しています。Lは、番号4の上方の横線とは関係のないことを示し、区角線を示しています。

なお、上の横線は天高御産巣日大神《あめのたかみむすびのおおかみ》様を示しています。下の図形は、鍵穴を表しています。Lは、鍵を示しているとも思われます。番号4の線が右下に伸びて、天系四神《てんけいよんしん》様を支配しているとの表示です。

もちろん、長く伸びている線は、天御中主大神《あめのみなかぬしのおおかみ》様です。Lと鍵穴でまだ意味が解けていないことを明示しています。

苦悶《くもん》の状況がよくわかります。

番号8は、

三神《さんじん》様を示しています。

しかし、2ですでに天三神《あめのさんじん》様は示されています。一体、どのような意味でしょうか。

天《てん》に対する地《ち》（天界《てんかい》の地《ち》であり、地上《ちじょう》の地《ち》ではありません）、つまり地三神《ちのさんじん》様を示しています。
地三神様《ちのさんじん》は、
天照大神様《あまてらすのおおかみ》
素戔嗚大神様《すさのおのおおかみ》
月読大神様《つきよみのおおかみ》
以上で地三神様《ちのさんじん》がお揃いになりました。
なお、この三神様《さんじん》は、御三佐様《みささ》とお呼びし、天御中主大神様《あめのみなかぬしのおおかみ》を補佐するお役目です。
番号9は、
地《ち》（神界《しんかい》における地《ち》）系《けい》の四神様《よんしん》を示しています。この番号9と番号7の四神様《よんしん》は繋がらなくてはならないのですが、天系四神様《てんけいよんしん》とこの地系四神様《ちけいよんしん》の関係が完全に解き明かされていません。
番号10は、
天界《てんかい》における天《てん》と地《ち》を分ける区分線です。この線により、天御神神様《あめのおんかみがみ》と地御神神様《ちのおんかみがみ》を区別し、混同しないようにとの表示です。
番号11は、

水平線の上に縦に棒が一本立った状態で、上に位置するとの表示です。

番号12および番号13は、

「霊」を表しています。これらの霊は、神界《しんかい》においてより浄化された霊との意味です。

番号13から番号15までが天界《てんかい》における霊の住処《すみか》を示しています。

番号14は、
カタカナで「ヒ」と書かれています。霊《ひ》そのものを示しています。番号22の霊界《れいかい》から番号23の神界《しんかい》への扉を通り、浄化された霊となった状態を示しています。

番号15は、
天《てん》における地《ち》を意味しています。番号11から番号15へ、生まれ変わりのために移るとの意味です。

番号16は、
過去・現在・未来を背負って、あるいは御三佐《みささ》様の指示により生まれ変わりを命じられています。

注目は、次の17です。

番号17は、

善し悪しの「アシ」とカタカナで書かれています。天空望《てんくうぼう》の説いた真理は日本神道《しんとう》であり、真の意味における人の性悪説です。その教えは、人は生まれる前から「アシ」と記されています。注目すべき重要な一点です。

なお、カタカナは、漢字の偏や旁《つくり》の一部を当ててカタカナとしたものではなく、もとは鵜草葺不合朝《うがやふきあえずちょう》第七一代目の天照国照日子百日臼杵天皇《あまてるくにてるひこももひうすきねのすめらみこと》が再編纂した神代文字です。

文部科学省も学者も一般人も、大いに目を覚ましていただきたいものです。

番号18は、

中央は「下へ」を意味しており、「ハレ」即ち現界《げんかい》へ下れ、生まれ変われと命じています。左右二本の線は、上が天御神神様《あめのおんかみがみ》を意味し、下が地御神神様《ちのおんかみがみ》を示しており、これに挟まれた空間に生まれ変わりの霊がいます。中央右が女子の御霊で、中央左が男子の御霊でしょうか。選択は霊の自由であるのでしょうか。否、地三神様《ちのさんじん》の思し召しによるようです。

番号19の右上がりの線は、

天界《てんかい》と現界《げんかい》を示す境界線を明示しています。

ただし、左の端は完全に閉じることなく、神界《しんかい》と現界《げんかい》が繋がっていることを示しています。

番号20は、
現界《げんかい》と幽界《ゆうかい》とを区画する区分線です。
しかし、その右端は塞がれることなく繋がっています。人死して現界《げんかい》から幽界《ゆうかい》へ霊が向かうことを示しています。

番号21は、
カタカナで「ハレ」と書かれています。晴れ晴れの「ハレ」です。明るいところ、表《おもて》を「ハレ」と呼びます。つまり、現界《げんかい》を示しています。

番号22は、
霊《ひ》を示しており、霊界《れいかい》、幽界《ゆうかい》を示しています。霊が浄化されると神界《しんかい》へ上っていく様子が描かれています。区画線も切られて、神界《しんかい》と繋がっていることが示されています。

番号23は、
幽界《ゆうかい》から神界《しんかい》への入口が示されています。

以上のように、神界《しんかい》・幽界《ゆうかい》・現界《げんかい》の三界《さんかい》が示されており、輪廻《りんね》転生《てんしょう》が示されています。天御神神様《あめのおんかみがみ》、地御神神様《ちのおんかみがみ》、霊、人の世界全体が示されています。

漢字渡来以前にカタカナが記されていることに注目していただきたいと思います。

天三神様、天五神様、天七神様

前項4、5、6を上から下へ辿れば、天三神様《あめのさんじん》、天五神様《あめのごしん》、天七神様《あめのしちしん》となり、いわゆる「七・五・三」の数字がはっきりと現れます。古代の人々が日本神道《しんとう》における天三神《あめのさんじん》様、天五神様《あめのごしん》、天七神様《あめのしちしん》をいかに大切にしていたかが窺えます。

考察

◎作成年代

岩絵の内容からして、概ねすべてが網羅されていますが、やや不足があります。天御《あめのみ》柱《はしら》が明確に描かれていません。天七神様《あめのしちしん》の配置に適格性を欠いています。

従って、おそらく西暦一八年から同三〇年くらいの間に作成されたものと思われます。

◎精神性と宇宙観

この岩絵の作成者は、その宗教観を示し、精神世界観、宇宙観として、人の輪廻《りんね》転生《てんしょう》を承知しており、神界《しんかい》、現界《げんかい》、幽界《ゆうかい》の三界《さんかい》をきちんと認識・承知していたことが窺われます。

この岩絵は、人の性悪説を説いた史実を示す大変貴重な岩絵です。

淡島神社を管理する参道社務所のご婦人のお話によると、境内にあるこの岩絵の他の岩二体も、先代神主の時、大分県の某所から石屋さんが運んできたもので、淡島神社古来のものではないとのことです。その石屋さんもすでに亡くなり、大分県のどこから運んできたのかまではわからないとのことでした。

なお、お話をうかがったのは、二〇〇四年一〇月一六日午後四時頃でした。この岩絵の石は、磐座《いわくら》の一部であり、参道左側の二つの石のいずれかとセットだったのでしょう。下関彦島杉田岩刻画の磐座《いわくら》の組み方と同じであったと思われます。

◎作成者

この岩絵の作成者は、日本名「天空望《てんくうぼう》」その人です。理由は、すでに述べたように、人を性悪説で説いているのがその揺るぎない証拠です。

日本における天空望《てんくうぼう》に関しては、「キリストは日本で死んでいる」（山根キク著、たま出版）をお読み下さい。

結論

天空望《てんくうぼう》は、西暦一八年から三〇年頃にかけてわが国で日本神道《しんとう》を勉強し、彼自らが神応《かんのう》した日本神道《しんとう》をこの岩絵に表現しました。天七神《あめのしちしん》様の描き方は、日本古来の描き方と異なって不足があり、やはり外国人が描いたと考えたほうが妥当です。

この岩絵は、神界《しんかい》、現界《げんかい》、幽界《ゆうかい》の三界《さんかい》の関係を適格に表現しています。輪廻転生《りんねてんしょう》も、当然の真理として表現されています。キリスト教では、輪廻転生《りんねてんしょう》はないと説かれていると聞きます。天空望《てんくうぼう》の知りえた真理と、いかに大きく反しているかがおわかりいただけたと思います。

ただし、人の性悪説が示されており、天空望《てんくうぼう》以外、これを正しく説ける人はいませんでした。これは正しい日本神道《しんとう》であり、人の御霊《みたま》は不足しており、何度も生まれ変わって修行し、御霊《みたま》を磨けとの御神《おんかみ》様の経綸《けいりん》です。天空望《てんくうぼう》はこの事実をよく理解していたと思われます。現代人は、性悪説を誤解していることがおわかりいただけたと思います。

また、この岩絵は、天空望《てんくうぼう》が祖国イスラエルへ帰り布教活動をする直前の心の状況および理解度を示しています。杉田岩刻画に比べてかなり生々しさが取り除かれ、神応《かんのう》が浄化されていることがおわかりいただけたと思います。

カタカナは日本古来のものであり、漢字の偏や旁《つくり》から影響を受けてできたものでないことが証明されたと確信します。

故山根キク氏の主張の通り、「イエス・キリスト」こと「天空望《てんくうぼう》」が日本にその足跡を残している事実がここでも証明されたと思います。

番号7と番号9の天系四神《てんけいよんしん》様と地系四神《ちけいよんしん》様の繋ぎの関係は、三〇歳近くなった天空望《てんくうぼう》は自身では解明できず、杉田岩刻画に引き続き後世の人々に解き明かしを委ねていることがご理解いただけたと思います。その存在を承知しながら、八神《はちしん》様のお働きが解明できなかったようです。

お願い

後日、稲富十四郎氏より寄せられた情報によると、この岩絵は大分県の安信院《あじむ》近辺より運ばれたとのことでした。

杉田岩刻画同様、この岩絵も近い将来世界遺産になると思われます。この岩絵の保護を淡島神社、北九州市、福岡県、文化庁、神社庁、文部科学省の関係各局並びに政治家、文化人の方々にお願い申し上げます。

第三章　安閑神社神代文字石の意味を解明する

～滋賀県高島市安曇川町《あどがわまち》三尾里《みおさと》

写真901　安閑《あんかん》神社神代文字石他

力石(水口石)
鎌倉時代の説話集「古今著聞集」に「越前の国(福井県)から都へ相撲の大会へ行く一人の武士が、この村(石橋村)を通りかかり「大井子」という美しい村娘に出会った。この娘は、大変な力持ちで、武士はこの村に止まり力を付けて都へ上がりお陰で、相撲大会に勝った」と誌るされている。
また、「この石は、この村で田の水争いがあったとき、この娘は、夜の間にこの石で水口を塞ぎ、水争いを止めた石」といわれる。
おとなが大勢で持ち上げられない大きな石を持ち上げた力持ちの娘。当時の水争いの激しさを伝える遺跡である。
力石(水口石)
神代文字の石
神代文字の石
字とも絵とも判別のつかない陰刻がされた石である。元は知らないで橋に使われていたというが、一説には古墳の一部ではなかったか、とも言われる。この陰刻の解明は未だなされていないが、この種の記号文字は神代文字と呼ばれ、不思議な歴史の貴重な遺産である。
安曇川町
北出区

写真902　安閑《あんかん》神社神代文字石他説明看板

写真903 安閑《あんかん》神社代文字石

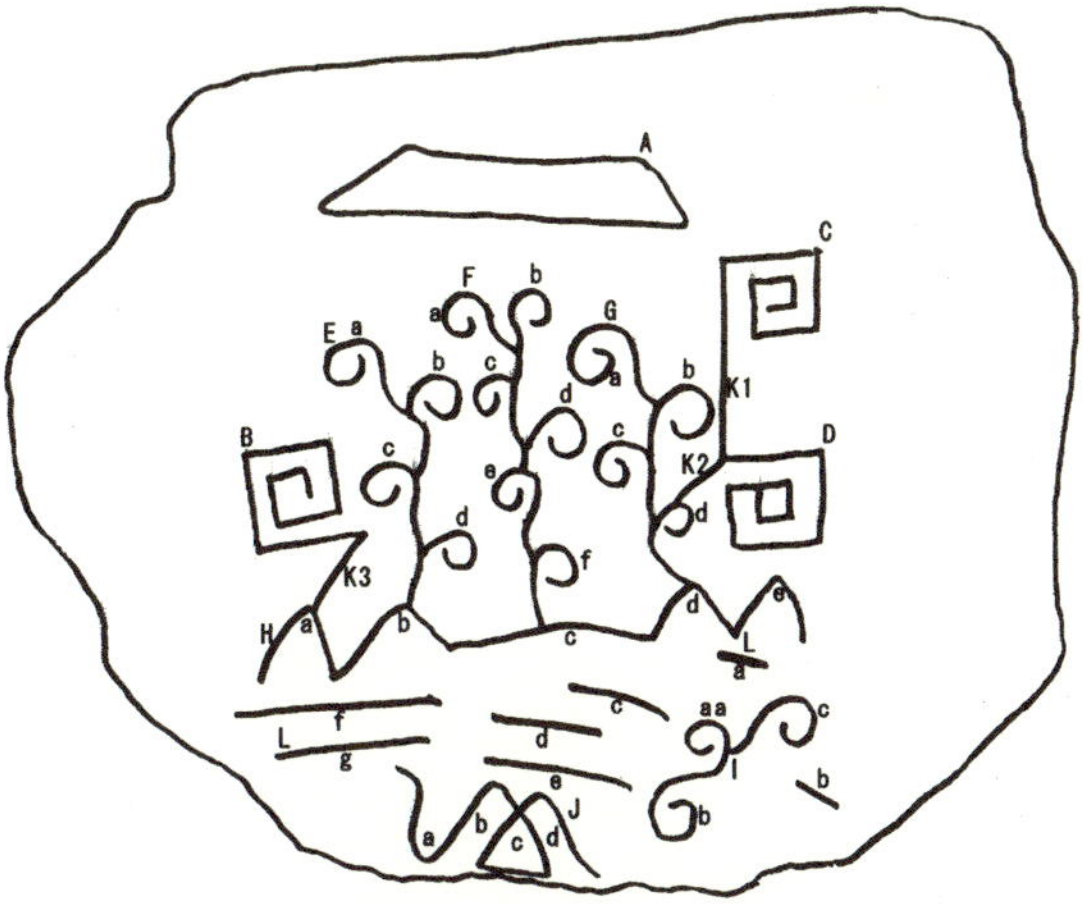

図901 安閑《あんかん》神社神代文字石写《うつし》

図902 神代文字石制作当初の復元図
完成直後に追刻された七本の刃物による線刻を除いた、制作当初の姿を復元した復元図です

はじめに

この安閑《あんかん》神社の「神代文字石」の意味を解明するきっかけからまず述べさせていただきます。

二〇〇四年八月頃、吉田信啓氏の「ペトログラフ・ハンドブック」を拝読中、巻頭のカラー写真二枚目にこれらの写真が掲載され、下段に熊本県阿蘇郡山都町の幣立神宮《へいだてじんぐう》の岩絵写真が掲載されていました。また、右頁にはオガム岩二点の写真が掲載されていました。

私は、幣立神宮《へいだてじんぐう》の岩絵の意味が突然理解できましたので、四枚の写真の掲載された頁をコピーしようとしてスタートボタンを押した瞬間、コピー機は閃光《せんこう》を発しました。ものすごく眩《まぶ》しかったことを記憶しています。

コピーの結果、安閑《あんかん》神社の写真と幣立神宮《へいだてじんぐう》の岩絵の左頁はハレーションを起こし、コピーされずに白紙状態となり、右半分のオガム岩二枚の写真が掲載されている右頁しか複写されませんでした。

実に不思議な体験でした。幣立神宮《へいだてじんぐう》の岩絵の御神神様《おんかみがみ》が、その意味を正しく解明せよとのご御神意《ごしんい》と受け止め、再度コピーを冷静な気持ちで行ったところ、今度はきちんと複写することができ、後になって意味も正しく解明することができました。

ただ、この時は、安閑《あんかん》神社神代文字石は、見るからに意味もわからず、解けそうもないし、芸術的な刻印であり、芸大の学生等が解読すればよかろうと思い、かつ、またコピーで消えたのだから、私が解明することもないと思っていました。

数日後、この出来事を上原保江先生にお話ししたところ、御神様《おんかみ》の御技《みわざ》であり、この安閑《あんかん》神社神代文字石の刻印の中に神代文字が存在するとおっしゃいました。上原保江先生のこの一言が脳裏から離れずに時を過ごしていましたが、所属していた東京江戸川ロータリークラブの親睦旅行で、二〇〇五年四月二三日、愛知万博へ行ったときのこと、昼食後クラブの皆さんと別れ、博覧会会場からリニモ、地下鉄を乗り継ぎ名古屋に出ました。

安閑《あんかん》神社の所在地は、吉田信啓氏の著書には滋賀県滋賀郡志賀町とあったので志賀町に電話で問い合わせたところ、高島市であると教えられ、高島市に問い合わせたら、安曇川《あどがわ》にあるとのことでした。名古屋から京都に向かい、湖西線で安曇川《あどがわ》駅まで行き、さらにタクシーに乗り、安閑《あんかん》神社に辿り着きました。

所在地

滋賀県高島市安曇川町《あどがわまち》三尾里《みおさと》

神社名

安閑《あんかん》神社（全国神社名鑑にも市販の地図にも記載がありません）

お社、境内

お社《やしろ》は、流造《ながれづくり》のお社《やしろ》であり、無住のようです。境内《けいだい》も狭く、人家に取り囲まれていま
す。境内《けいだい》の東の辺、基壇《きだん》の上に木造平屋切妻《きりづま》屋根の覆屋《おおいや》の中に、右にお結び形の三角の
石、左に神代文字石が並列に安置されています（写真９０１を参照して下さい）。

高島市（旧安曇川町・北出区）説明書

写真９０2を参照して下さい。

安閑神社の地勢について

京都駅から湖西線に乗り、東山の南麓山科を過ぎ、トンネルを通過して西大津あたりから比良山地と琵琶湖西岸の間を湖北に向かって電車は北上していきます。比良山地の山端と琵琶湖の浜辺の間は、なだらかな棚田となっています。このような景色が、高島の駅まで続きます。高島駅を過ぎると、急に線路の西の比良山地の山裾は西に遠のき、東の琵琶湖の浜辺は東に遠のき、安曇川《あどがわ》の駅に着いた時には、かなり広い平野の真ん中にいると思えました。

後日、地図で確認してみると、この地は安曇川《あどがわ》による扇状地であることが確認できました。安閑《あんかん》神社にある神代文字石は、この扇状地のほぼ中心に位置していることが理解できます。

安閑神社神代文字石の写真と現状について

吉田信啓氏の「ペトログラフ・ハンドブック」の写真と、現在における石の安置の仕方は、天地が逆となっています（写真９０３安閑《あんかん》参照）。ただし、私は現在の状態で、以後、解明することとします。

しかしながら、石の形からすると吉田信啓氏の写真の通りが正しいと思われます。なぜなら、神事は逆さまが正しいからです。

神代文字石の観察

線刻を種類ごとに分類して、アルファベットの記号を付けます。

図９０１を参照して下さい。

1. 長い台形をAとします。

2. 画面左中央枡形《ますがた》左渦巻《うずま》きをB、画面右上枡形《ますがた》左渦巻《うずま》きをC、同下をDとします。

3. 画面中央蔓草《つるくさ》の絵模様を左からEとし、左巻き右巻きの蔓草《つるくさ》を上から順にa、b、c、dとします。次に中央部蔓草《つるくさ》模様をFとし、左巻き右巻きの蔓草《つるくさ》を上から順にa、b、c、d、e、fとします。

さらに、右の蔓草《つるくさ》模様をGとし、右巻き左巻きの蔓草《つるくさ》を上から順にa、b、c、dとします。

4. 前掲蔓草《つるくさ》模様が出ている左右に、山が二つずつ、加えて中央部に平らな線刻が描かれています。この横一連の線刻をHとし、左の山をa、二番目の山をb、中央平らな線をc、続く山をd、右端の山をeとします。

5. 右端下の蔓草《つるくさ》模様をIとし、右巻き蔓《つる》をa、左下右巻き蔓《つる》をb、右上左巻き蔓《つる》をcとします。

6. 中央最下段の線刻をJとし、各部位を左からa、b、c、dとします。

7. 最後に、右のH、I、Jに囲まれた直線およびIの右下一本の直線をLとし、右から順に（b除く）a～gを割りふります。

8. CとDを結ぶ線をK1、K1およびDとGのdを結ぶ線をK2、BとHのaを結ぶ線

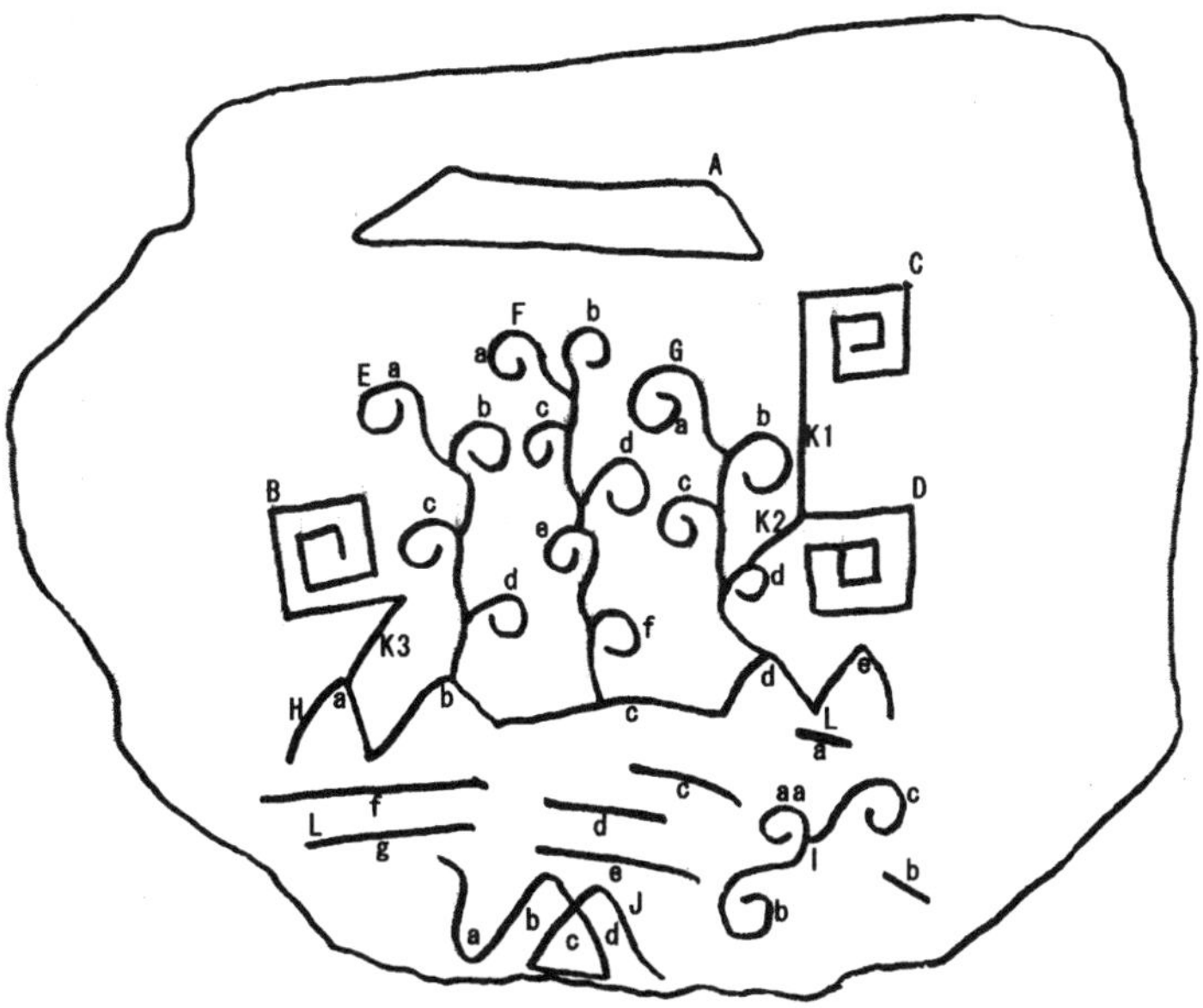

図901 安閑《あんかん》神社神代文字石写《うつし》
（拡大して再掲載）

をK３とします。

分類結果をグループごとに分けます

1. AとJとI
2. B、C、D
3. E、F、G
4. H
5. K
6. L

分類についての考察

1. AとJとIについて

(1) Aは台形を示し、屋根を示しています。屋根は天を表し、天界《てんかい》を示しています。

（2）Jは何か。Jのaは谷を、Jのb、Jのc、Jのdは重なり合う山々を、Jのcの下の水平線は平らな大地を示しているものと思われます。当初、神代文字とも思いましたが、天《てん》を示す図柄が屋根なので、この図柄は天《てん》に対する地《ち》であると判断し、神代文字ではなく線刻の絵と判断しました。これで天地《てんち》が正しく出揃いました。

この神代文字石については、現在の安置の仕方は逆であると思われます。天地《てんち》が逆になっていた写真の安置の仕方の方が正しいようです。

しかし、何を示しているのでしょうか。これは、地球の大地を示し、現世《げんせ》・現界《げんかい》を示しています。

（3）Iは、後述しますが、結論だけを示せば、幽界《ゆうかい》（死後の世界・黄泉国《よみのくに》）を示しています。これにより、神界《しんかい》、幽界《ゆうかい》、現界《げんかい》の三界《さんかい》が出現しました。

2．B、C、Dについて

神様のエネルギーは左巻きであるとのことです。左に一つ、右に二つ、枡形《ますがた》に左巻きで描かれています。数は三つ、天三神様《あめのさんじん》が描かれています。頭上の上にはAで示された屋根が描かれ、屋根は天《あめの》と読めます。つまり、この三つの枡形渦巻《ますがたうずまき》は、天三神様《あめのさんじん》を示しています。

(1)左Bは、天御中主大神《あめのみなかぬしのおおかみ》様を示しています。
(2)右上Cは、天高御産巣日大神《あめのたかみむすびのおおかみ》様を示しています。
(3)右下Dは、天神産巣日大神《あめのかみむすびのおおかみ》様を示しています。

以上により、天三神《あめのさんじん》様がお揃いになりました。

3. 順序を前後して、Hについて

Hのa、b、c、d、eは何を示しているのでしょうか。a、bの山二つと、真ん中cの野を示す線、さらにd、eの山二つが示されています。山の数と野の数を合計すると、五という数字が明示されます。つまり、Hのaからeは天五神《あめのごしん》様を明示していると思われます。

(1)天御中主大神《あめのみなかぬしのおおかみ》様
(2)天高御産巣日大神《あめのたかみむすびのおおかみ》様
(3)天神産巣日大神《あめのかみむすびのおおかみ》様
(4)天宇麻志阿斯訶備比古遲大神《あめのうましあしかびひこぢのおおかみ》様
(5)天常立大神《あめのとこだちのおおかみ》様

以上により、天五神《あめのごしん》様がお揃いになりました。

4．E、F、G、他について

Eのa、b、c、dとFのa、b、c、d、e、f、さらにGのa、b、c、dは何を示しているのでしょうか。

(1)Eのa、b、c、dは、よく観察すると、上にaの右巻きの蔓《つる》と、bの左巻きの蔓《つる》が一対で、下に同じく、c、dとして重なった状態で描かれています。aとbを一対とし、cとdを一対とするとEのその和は二となります。

(2)同じように、Fに関しても、aとb、cとd、eとfとの対の数を数えると三対となり、その数は三となります。

(3)Gに関しては、Eと全く同じであり、対の数は二となります。

(4)以上の対の数を合計すると、二＋三＋二となり、七となります。

(5)aからdまでの三列の蔓巻《つるまき》模様は、天七神様《あめのしちしん》を示していると思われます。

これにより、天七神様《あめのしちしん》がお揃いになりました。

さらに加える御神神様《おんかみがみ》は、

天国常立大神様《あめのくにのとこだちのおおかみ》

天豊雲野大神様《あめのとよくもぬのおおかみ》

以上で天七神《あめのしちしん》様がお揃いになりました。

5. 天九神《あめのきゅうしん》様の数え方

B+（E+F+G）＝一+（二+三+二）+（C+D＝一、一体となっています）

＝一+七+一＝九

これにより、天九神《あめのきゅうしん》様を数えることができました。

天七神《あめのしちしん》様に加える二神《にしん》様は、

天《あめ》八番目の御神《おんかみ》様は、

天宇比地邇大神《あめのうひちにのおおかみ》様

天須毘智邇大神《あめのすひちにのおおかみ》様

右対神《ついしん》様で一神《いっしん》様と数えます。

天《あめの》九番目の御神《おんかみ》様は、

天角杙大神《あめのつぬぐいのおおかみ》様

天活杙大神《あめのいくぐいのおおかみ》様

右対神《ついしん》様で一神《いっしん》様と数えます。

以上で天九神《あめのきゅうしん》様がお揃いになりました。

6. 天《あめの》一二《じゅうに》神《しん》様の数え方

（E＋F＋G）＋H＝七＋五＝一二

これにより、天《あめの》一二《じゅうに》神《しん》様を数えることができました。

天《あめの》九《きゅう》神《しん》様に加える三神《さんじん》様は、

天《あめの》一〇番目の御神神《おんかみがみ》様は、

天《あめの》意富斗能地大神《おおとのぢのおおかみ》様

天《あめの》大斗乃弁大神《おおとのべのおおかみ》様

右対神《ついしん》様で一神《いっしん》様と数えます。

天《あめの》淤母陀琉大神《おもだるのおおかみ》様

天《あめの》阿夜訶志古泥大神《あやかしこねのおおかみ》様

右対神《ついしん》様で一神《いっしん》様と数えます。

天《あめの》伊弉諾大神《いざなぎのおおかみ》様（黄泉大神《よみのおおかみ》様（伊弉冉大神《いざなみのおおかみ》様）は、地御神《ちのおんかみ》様であり、天御神《あめのおんかみ》様には入れません。ただし、夫婦神様にお変わりありません。

以上で天《あめの》一二《じゅうに》神《しん》様がお揃いになりました。

7. 天《あめの》一五《じゅうご》神《しん》様の数え方

（B＋C＋D）＋（E＋F＋G）＋H＝三＋七＋五＝一五

これにより天一五神《あめのじゅうごしん》様を数えることができました。

ここで、天一五神《あめのじゅうごしん》様について考えてみましょう。天一二神《あめのじゅうにしん》様まではよく聞きますが、天一五神《あめのじゅうごしん》様はあまり聞きません。しかし、七五三を足すと一五になります。御神《おんかみ》様七次元（段階）を考慮すれば、天一五神《あめのじゅうごしん》様はおわさなくてはなりません。

天伊弉諾大神《あめのいざなぎのおおかみ》様が、天一二神《あめのじゅうにしん》様の最後に控える御神《おんかみ》様です。伊弉冉大神《いざなみのおおかみ》様は、黄《よ》泉国《みのくに》にお降りになった御神《おんかみ》様で、地御神《ちのおんかみ》様とお呼びすべきです。

後の三神《さんじん》様はどこにおわすのでしょうか。お探しします。天三神《あめのさんじん》様である天高御産《あめのたかみむ》巣日大神《すびのおおかみ》様の弟妹である御神《おんかみ》様に天思鎌大神《あめのおもいかねのおおかみ》様、天萬幡豊秋津師毘売大神《あめのよろずはたとよあきつしひめのおおかみ》様と天《あめの》五神《ごしん》様の一神《いっしん》様である天宇麻志阿斯訶備毘古遅大神《あめのうましあしかびひこぢのおおかみ》様の弟神《しん》様である天少名毘古那大《あめのすくなひこなのおお》神《かみ》様の三神《さんしん》様を加えて、天一五神《あめのじゅうごしん》様とお呼びします。

従って、天一二神《あめのじゅうにしん》様に加える三神《さんじん》様は、

天思鎌大神《あめのおもいかねのおおかみ》様

天萬幡豊秋津師毘売大神《あめのよろずはたとよあきつしひめのおおかみ》様

天少名毘古那大神《あめのすくなひこなのおおかみ》様

以上で天一五神《あめのじゅうごしん》様がお揃いになりました。

天一六神《あめのじゅうろくしん》様が表現されておりませんが、天武甕槌大神《あめのたけみかづちのおおかみ》様は、石面の余白におわします。

以上で天一六神《あめのじゅうろくしん》様すべてがお揃いになりました。

天御中主大神《あめのみなかぬしのおおかみ》様である「ア神《しん》」様を七次元とし、天三神《あめのさんじん》様を六次元、天五神《あめのごしん》様を五次元、天七神《あめのしちしん》様を四次元、天九神《あめのきゅうしん》様を三次元、天一二神《あめのじゅうにしん》様を二次元、天一五神《あめのじゅうごしん》様を一次元としますと、「御神《おんかみ》様七次元」、「基の御神《おんかみ》様の数七」、七×七で四九となります。

さらに、空く間（悪魔）の御神《おんかみ》様二神《にしん》様を加えますと、五一神《しん》様、空なる天武甕槌《あめのたけみかづちの》大神《おおかみ》様を加えますと五二神《しん》様のすべてがお揃いになり、天照大日大神《あまてらすのおおひおおかみ》様の状態となり、御神神様《おんかみがみ》の全エネルギーの状態がこの岩には描かれています。

8．K1、K2、K3について

(1) K1は、CとDを結ぶ線刻です。

(2) K2は、GとC、Dを結ぶ線刻です。

(3) K3は、BとHを結ぶ線刻です。

これらの線刻の結びにより、すべての御神神様《おんかみがみ》が一体となった状態を醸《かも》し出しています。これらの状態が示すこの結びの線刻は、この岩絵を見る人に御神神様《おんかみがみ》の状態をわかりやすくしたものでしょう。

9. Iについて

Iは、中央部の御神神様《おんかみがみ》から離れ、結びの線刻により繋がれておらず、右下隅にaa一つ、Gとは異なった描き方がされています。神界《しんかい》や現界《げんかい》でもなく、独立した空間を保持しています。神界《しんかい》・現界《げんかい》となれば、三界《さんかい》の残りは、幽界《ゆうかい》以外にはありません。人死して幽界《ゆうかい》に向かうという古代人の思想観・文化（古神道《こしんとう》）観が読み取れます。

aa、b、cと三神《さんじん》様が表現されていますが、これは地三神《ちのさんじん》様を示していると思われます。図示されている如く、実際この三神《さんじん》様は幽界《ゆうかい》を支配しています。やはり、真理が描かれています。

御神神様《おんかみがみ》の御名《みな》は、

天照大神《あまてらすのおおかみ》様

素戔鳴大神《すさのおのおおかみ》様

月読大神《つきよみのおおかみ》様

以上で地三神《ちのさんじん》様がお揃いになりました（地《ち》とは天《てん》に対する地《ち》であり、地上《ちじょう》を示す地《ち》ではありません)。

御神神神様《おんかみかみがみ》の御名《みな》は、御三佐《みささ》様とお呼び申し上げます。この地三神《ちのさんじん》様は、天御中主《あめのみなかぬし》大神《おおかみ》様を補佐するという意味で、御三佐《みささ》様とお呼びします。天三神《あめのさんじん》様に対する地三神《ちのさんじん》様との意味です。

10. Lについて

(1) Lのaからgの線刻は、この中の線刻と全く異なり、鋭利な刃物で刻印されているのが明らかです。L以外の他の線は、ペッキングによる手法と思われます。この石の面に、作者は、手のひらの内に硬度の高い石英の先の尖《とが》った石でこつこつと敲《たた》いて線刻したのでしょう。

一方、Lの七本の線刻は鋭利な刃物で線刻されています。

つまり、線刻された手法が異なっていると指摘できます。

(2) 仮に、Lの線刻aからgは七神《しちしん》様を示し、三神《さんじん》様はa、b、cであり、五神《ごしん》様はaからeであり、七神《しちしん》様はaからgであると思っても、この線刻では、天一五神《あめのじゅうごしん》様までを数えることが不可能です。

従って、天七神《あめのしちしん》様を表していないことは確かです。

(3)では、なぜL七本の線刻がなされたのでしょうか。

1．これは鉄器により刻まれたようです。

2．最初に線刻した時は、鉄器を用いず、神事《かみごと》なので、硬度の高い石英の手斧《ておの》で線刻したのでしょう。

3．完成直後、この神代文字石の意味を十分に理解できなかった為政者直属の神官が、この岩絵をみて、七《しち》（正しくは八《はち》）神《しん》様が欠けているとして、天空望《てんくうぼう》を侮蔑《ぶべつ》しながら、乱暴に、下部の隙間に、鉄器で七《しち》（正しくは八《はち》）神《しん》様を線刻したのでしょう。

(4)これら七本の線刻がないほうが、描画そのものはゆったりしており、せせっこましい構図の現状から解放されて、制作当初の豊かさが戻って来ます。バランスも大変よくなっています。

しかし、古神道《こしんとう》を生半可に理解したその神官は、必要な御神神様《おんかみがみ》として誤って線刻を追加してしまったのです。

参考までに、Lの線刻を消して復元した線刻図902を作成しましたので参照して下さい。

(5)七《しち》（正しくは八《はち》）神《しん》様の解明は、後に行います。

神代文字石には本当に「神代文字」は刻印されているのか

消去方により部位別に検討を試みます

1. Aはどうでしょうか。屋根の形であり、絵であり、神代文字ではありません。
2. Bはどうでしょうか。枡形渦巻き《ますがたうずま》き状の絵であり、神代文字ではありません。
3. Cはどうでしょうか。2に同じです。
4. Dはどうでしょうか。2、3に同じです。
5. E、F、Gはどうでしょうか。

(1)蔓草《つるくさ》模様のaとb、cとd、eとfのそれぞれを分解してみますと、a、c、eは平仮名の「の」の字に似ています。
(2)b、d、fは逆巻きの「の」の字と判断できます。つまり、a、c、eは「໑」となります。
(3)b、d、fは「ρ」となります。前記二文字は、神代文字の中にあるのでしょうか。探してみましたが、ありません。ただし、石英などの石器により石の面に線刻した手法を考慮すると、文字を簡略化したことも想像に難くありません。

(4)改めて探してみます。神代文字の内、天照《あまてらす》神代文字の中に「素」を表す、「」の文字を抽出することができます。

(5)この天照《あまてらす》文字の特徴は、左右の渦巻《うずま》き線で文字が構成されていることです。この「素」を示す「」の文字の縦二文字を選び出し、前掲の「」の文字と下の文字「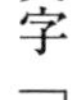」を当てて「御神《おんかみ》様」を表現し、製作者は蔓草《つるくさ》の一対を「=かみ=神《かみ》」と読ませることを意識したのでしょう。

(6)これにより、天七神《あめのしちしん》様の御神神《おんかみがみ》様を中央に、三神《さんじん》様、左に二神《にしん》様、右に二神《にしん》様を配置したと思われます。

(7)「」を神代文字そのものと断定する確証はありませんが、天照《あまてらす》文字の略字の一部であると思われます。

6. Hはどうでしょうか。絵であり、神代文字ではありません。

7. Iはどうでしょうか。6に準じます。

8. Jはどうでしょうか。絵であり、神代文字ではありません。

9. Lはどうでしょうか。横線一本は、数字の「一」を示す神代文字といえばいえないこともありません。しかし、御神様《おんかみ》御一神様《ごいっしん》を示す記号であるとも判断できます。

これまでの検討により、神代文字の可能性のある部位は、E、F、GとI、並びにLとなりました。

神代文字は書かれているのでしょうか

1．Lの七本の一本線は御一神様《ごいちしん》を示す記号と捉え、神代文字ではないとします。

2．E、F、G、Iは、B、C、Dの蔓草《つるくさ》の一対である「」を天照《あまてらす》文字「」の略字「」と思われます。従って、この神代文字石には、神代文字は描かれていたと結論します。

神代文字石の性質

1．一体、この石は何のための石なのでしょうか（写真９０１参照）。

⑴写真９０１の右には、「力石（水口石）」が安置されています。

(2)右同写真左には、この「神代文字石」なる石が安置されています。

(3)写真902の説明文には、「力石（水口石）」の鎌倉時代の逸話が載っています。そこには、「神代文字石」は、橋に使用されていたとか、古墳の一部ではないかとの説明書きがあります。しかし、これらはいずれも説明になっていません。

仮に、この二つの石が遥《はるか》か悠久《ゆうきゅう》の昔よりこの安閑《あんかん》神社の地にあったとすると、この二つの石は一対のもので、盤座《いわくら》であったと思われます。右側の「力石（水口石）」こそが御神体《ごしんたい》であり、この「神代文字石」は、本来御神体《ごしんたい》の左側に直角に向けられ据えられていたのでしょう。

この「神代文字石」は、御神体《ごしんたい》に対する説明絵図が本来の性質であり、脇役です。「力石（水口石）」こそが御神体《ごしんたい》であると確信します。太古の昔は石こそが御神様《おんかみ》の宿るところであり、社《やしろ》は後世のものです。現在の神社でも、鳥居を潜《くぐ》ると立て看板があり、その神社のご祭神様《さいじん》が縁起《えんぎ》とともに記されています。この「神代文字石」は、その立て看板と同義です。

2．類似する他の例を示します。

(1)山口県下関市彦島江の浦の杉田岩刻画

⑵北九州市門司区の淡島神社境内の岩絵

神代文字石の特徴

杉田岩刻画、淡島神社の岩絵と比較すると、この「神代文字石」は、北斗七星が描かれておらず、また、天七神様《あめのしちしん》を示す七枝のツリーも示されていませんが、蔓草模様《つるくさもよう》で天七《あめのしち》神《しん》様を明示しているところが個性的、独創的であり、それだけ年代が新しい表現方法と思われます。

作成年代

おそらく、西暦三一年から同一〇〇年くらいの間に作成されたものでしょう。作成者は、過去イスラエルにおいてイエス・キリストと呼ばれ、再来日して永住した日本名天空望《てんくうぼう》その人です。下関杉田岩刻画、門司淡島神社の岩絵と合わせて、三部作と思われます。なかでも、神代文字石は一番完成度が高く、拘《わだかま》りを悉く《ことごと》払拭《ふっしょく》しており、素晴らしい作品です。

Ｌａからｇの刻印について

1. いつの時代に加筆されたのでしょうか

この「神代文字石」の完成直後です。

2. 七本の線刻は何を意味しているのでしょうか

復元図である図９０２をご参照下さい。現界《げんかい》を基点として神界《しんかい》を測ると広い隙間（空間）が存在します。現界《げんかい》と幽界《ゆうかい》の間も同じく広い隙間（空間）が存在します。この「神代文字石」作製当時の古神道《こしんとう》においては、神官はじめ為政者、神通力者等は、神界《しんかい》の御《おん》神神《かみがみ》様、幽界《ゆうかい》を守る御神神《おんかみがみ》様と直接交信ができていたと思われます。

しかし、時代が下がるにつれ、直接交信が取れなくなって来たか、あるいは、現界《げんかい》と神界《しんかい》、現界《げんかい》と幽界《ゆうかい》を繋ぐ御神神《おんかみがみ》様の存在に気付き、あるいは、気付かされたのでしょう。

これらの線刻された七神《しちしん》様は、どの御神神《おんかみがみ》様でしょうか。当初は七福神《しちふくじん》様であると解釈していたのですが、正しくは八神《はちしん》様で天《てん》と地《ち》を繋ぐ御神神《おんかみがみ》様です。

従って、鉄器を以って七本の線刻をした神官あるいは為政者の子は、おぼろげながら七《しち》（正しくは八《はち》）神《しん》様の存在を知っており、それ故に現界《げんかい》と神界《しんかい》、幽界《ゆうかい》を繋ぐ御神神様《おんかみがみ》が不足しているとして加筆したのでしょう。御神神様《おんかみがみ》の仕組を十分に理解しえなかった神官か、あるいは為政者の子（神通力者）であったと思われます。誤った理解による七《しち》神《しん》様の線刻です。

従って、この鉄器七本の線刻は不要なものであり、作成者の意図を穢《けが》しており、大変残念です。

今後の課題

この「神代文字石」の作成年代は、西暦三一年くらいから一〇〇年くらいの間と思われます。放射線の減衰期を測定する科学的方法により、この石の表面と線刻された面を測定し、作成年代を特定したいと思っています。

安閑神社の名称の由来

安閑《あんかん》神社の名称は、漢字表記に捉われていては解けません。カタカナ表記にします。「アンカン」です。「カン」は「神《かみ》」です。「ア」は「ア神《しん》様」で天御中主大神《あめのみなかぬしのおおかみ》様を示し、「ン」は「ン神《しん》様」である天少名毘古那大神《あめのすくなひこなのおおかみ》様を示しています。「ア」から「ン」までの五一神《しん》様＋空の御神《おんかみ》様で五二神《しん》様、すべての御神神《おんかみがみ》様をお祭りしている神社であるとの意味です。私は、五二神《しん》様である御神神《おんかみがみ》様の状態を天照大日大神《あまてらすのおおひおおかみ》様と申し上げています。地三神《ちのさんじん》様である天照大神《あまてらすのおおかみ》様とは別の御神神《おんかみがみ》様ですので、混同なさいませんようにお願いします。

結論

1. この「神代文字石」は、「力石（水口石）」御神体《ごしんたい》の御祭神《ごさいじん》様の説明用の岩絵です。
2. 「力石（水口石）」とともに盤座《いわくら》の一部でした。
3. この「神代文字石」には、神代文字そのものは書かれていませんが、石に刻印するため、「」の略された文字である「」＝「カミ」が記されていると思われます。

4. 御祭神《ごさいじん》様は、天諸神《あめのしょじん》様である天御中主大神《あめのみなかぬしのおおかみ》様（ア神《しん》様）、天三神《あめのさんじん》様、天五神《あめのごしん》様、天《あめの》七神《しちしん》様、天九神《あめのきゅうしん》様、天一二神《あめのじゅうにしん》様、天一五神《あめのじゅうごしん》様、天一六神《あめのじゅうろくしん》様、地三神《ちのさんじん》様が祭られています。

5. 神界《しんかい》、幽界《ゆうかい》、現界《げんかい》の三界《さんかい》を解き、その時代の惟神《かんながら》の宇宙観、精神観、輪廻転生《りんねてんしょう》等の文化的思想観を明示しています。

6. 天《てん》と地《ち》を繋ぐ御神神《おんかみがみ》様は、八神《はちしん》様であることがわかりました。この事実だけを述べておきます。

お願い

近い将来、この岩絵は世界遺産になります。安閑《あんかん》神社、高島市、滋賀県、神社庁、文化庁、文部科学省関係各局は、安閑《あんかん》神社「神代文字石」のより一層の保護をお願い申し上げます。

第四章　天空望（＝イッサー・キリスト）の三部作

以上、ここまで天空望の岩絵三部作について個々に述べてきましたが、最後にそのまとめをしたいと思います。

1．未解決項目

杉田岩刻画、淡島神社岩絵、安閑《あんかん》神社岩絵（神代文字石）を連続して眺めてみると、天空望《てんくうぼう》が一三歳の砌《みぎり》より一八歳を過ぎ、一一八歳で死ぬまでに解けなかったことが浮き彫りになりました。

(1) 天三神《あめのさんじん》様と地三神《ちのさんじん》様を繋ぐ八神《はちしん》様の繋ぎの状態。

(2) 天空望《てんくうぼう》が日々交信していた火之大神《ひのおおかみ》様についての存在を知らず、この御神《おんかみ》様を天御中《あめのみなか》主大神《ぬしのおおかみ》様（ヤアエ）と誤解していました。

(3) 三部作において、御神神《おんかみがみ》様の基本となる天七神《あめのしちしん》様の表現が常に異なり、一貫性に欠ける事実が見られます。その分、想像力豊かであったと指摘できます。

2．三項目の検討

(1) 前記の項目に関し、改めて図９０１をご参照下さい。

ＡとＪにご注目してみましょう。天を示すＡである屋根は、四角形であり、四辺形であり、その示す数は四です。これは、天系《てんけい》の四であり、天系四神《てんけいよんしん》様を示しています。

Jの図形は、一つの谷と二つの山と一つの平野を示しています。示す数は四です。つまり、地系四神様《ちけいよんしん》が表現されていました。

以上の如く、杉田岩刻画では、天《てん》の丸に十字（㊉）と、地《ち》の丸に十字（㊉）と、丸の鍵穴で解けぬ八神様《はちしん》が表現されていました。淡島神社の岩絵も同じでした。この安《あん》閑《かん》神社の岩絵も、天地に各四神様《よんしん》が配置されていますが、繋がれていません。しかし、明らかに天系四神様《てんけいよんしん》、地系四神様《ちけいよんしん》計八神様《はちしん》が表現されていることはご理解いただけたと思います。

では、Lの線刻はどう解釈するのでしょうか。

私は、この問題に関し、天空望《てんくうぼう》がこの岩絵を完成した直後、為政者に仕える神官が、七《しち》（正しくは八《はち》）神様《しん》が書かれていないとして、天空望《てんくうぼう》を誇《なじ》るようにして乱暴に線刻したと思われます。乱暴に鉄器で七《しち》（正しくは八《はち》）神様《しん》を刻んだ神官は、もちろん、天空望《てんくうぼう》の足元にも及ばぬ御仁であったと思われます。なぜなら、八神様《はちしん》の真理を七神《しちしん》様としか考えられない人間であったからです。

しかし、残念ながら、安閑《あんかん》神社岩絵においても天空望《てんくうぼう》は八神様《はちしん》の謎を解き明かすことができませんでした。ユダヤ教の根本的な不足はここにあります。

また、図902の復元図にあるように、御神神様《おんかみがみ》の四方に空間をたっぷりと確保しています。空なる御神様《おんかみ》であり、天一六神様《あめのじゅうろくしん》です。天武甕槌大神様《あめのたけみかづちのおおかみ》の居場所をご提供なされています。

これを見ても、天一六神様《あめのじゅうろくしん》のその存在を意識していることが十分に窺われます。

(2) 火之大神様《ひのおおかみ》

八百万の御神神様《おんかみがみ》と人は、直接繋がることは絶対にないそうです。霊能者等はそのことに気付いていません。錯覚したままです。御神神様《おんかみがみ》と交信したという人も、錯覚に気付いていません。火之大神様《ひのおおかみ》にお繋ぎいただかないと、御神神様《おんかみがみ》との交信は決してできません。

さらに、御神様《おんかみ》から御名《みな》を名乗ることも決してないそうです。

以上のことから、やはり天空望《てんくうぼう》は火之大神様《ひのおおかみ》を十分に理解していなかったと思わざるを得ません。承知していたなら、火之大神様《ひのおおかみ》からお導きがあり、謎も解けていたことでしょう。

天空望《てんくうぼう》が御神神様《おんかみがみ》を表現した安閑《あんかん》神社岩絵の復元図には、宇宙の広さ、雄大さ、大らかさが描かれています。ここには、天空望《てんくうぼう》晩年の日本神道悟《しんとう》りの境地が凝縮されています。柔らかく、かつ厳格に、一切無駄なく御神神様《おんかみがみ》を表現した、素晴らしい岩絵です。

北斗七星から離れ、抽象的かつ具象的な御神神様《おんかみがみ》の表現は、枯れた崇高な精神の持ち主である天空望《てんくうぼう》にしか描けなかったのです。そのことに思いを馳せると、止めどなく涙が溢れます。

（3）天七神様《あめのしちしん》

天空望《てんくうぼう》は、天七神様《あめのしちしん》を描く時は三部作においても各々その表現方法を変えています。これは何を意味しているのでしょうか。

a．八神様《はちしん》の掌握《しょうあく》が不十分であったと思われます。

b．天国の国・日本にて、日本神道《しんとう》を神官である皇子に師事して学びましたが、手取り足取りの教授ではなく、「盗め」の教育であったと思われます。従って、天空望《てんくうぼう》はおそらく独学の状態で日々鍛錬《たんれん》していたと思われます。

c．キリスト教徒の方々、復活祭を思い起こして下さい。

d．七色のゆで卵。ここに真理が隠されています。おそらく天空望《てんくうぼう》は、天七神様《あめのしちしん》の御名《みな》を知り得なかったのでしょう。

赤・橙・黄・緑・青・藍・紫。

七色に着色されたゆで卵です。

天七神様《あめのしちしん》を探せ。

e. イスラエルに帰った天空望《てんくうぼう》は、生前に後代の人々へ「天七神様《あめのしちしん》」の謎を解いて欲しいと願って行事を始めましたが、それが後に復活祭の七色のゆで卵となったと思われます。

結論を述べれば、ゆで卵の色は七つとも赤でなければなりません。それ以外の六色は、他の御神神様《おんかみがみ》のお色です。

しかし、もう復活祭も必要ないでしょう。

(4) まとめ

神の国・日本は、不幸にして西暦五八七年、聖徳太子と曽我馬子《そがのうまこ》が物部守屋《もののべのもりや》を滅ぼし、その結果、西暦五九四年に仏教の興隆《こうりゅう》の詔《みことのり》を発し、仏教をもって国を穢《けが》しました。

その穢《けが》れは今日も継続しています。

一方、天空望《てんくうぼう》により、天御中主大神様《あめのみなかぬしのおおかみ》（ヤアエ）の存在がすべてのキリスト教徒に伝えられ、父なる神《かみ》の御膝許《おひざもと》で二〇〇〇年近く生活を営んでこられたことは、大いに幸いであったと思います。

しかし、ローマ法王をはじめ、世界のキリスト教徒の皆さん、天空望《てんくうぼう》の説きたかった真理は日本神道《しんとう》です。ここをよく理解していただき、来日して天空望《てんくうぼう》（イッサー・キリスト）の手で描画された岩絵に直接触れて下さい。神応《かんのう》できる方は、即座に天空《てんくう》望《ぼう》の思いが伝わってくると確信します。日本神道《しんとう》は、宗教ではありません。日本神道《しんとう》は、宇宙の真理です。よくよく忘れないで下さい。

ローマ法王、世界のキリスト教徒の皆さん、岩絵三部作（天空望《てんくうぼう》）が皆様の来日をお待ちです。アーメン。

おわりに

すべてが神事《かみごと》でありました。私自身、ここまで御神神様《おんかみがみ》のことを解明させられるとは夢想だにしませんでした。一つ一つの岩に刻まれた線刻は、歴史の必然の上に成り立ち、それらが現代に伝わって来た不思議さを思わないわけにはいきません。

「古事記」が編纂される以前、日本においては、いかに多くの神代文字が使用されていたかということがご理解いただけたと思います。

また、天空望の三部作である岩絵を解明させていただき、天空望の真実の人となりに触れることができましたことは、私の人生にとって無常の喜びとなりました。

各岩絵を線刻した古代の神官の叡智の発露に触れ、自然科学、数学、天文学等が十分に確立されていない上に、十分な器材もない時代に、彼らが観察し、正しく理解していたことを悟らされました。そのすばらしさに驚愕《きょうがく》の思いで接し得たことは、私にとって幸運なことでした。

拙《つたな》い理解と説明で、不足ばかりではありますが、御神神様《おんかみがみ》に免じてお許し願いたく思います。神代の出来事を現代に多少なりとも表し、その世界へ読者の皆様を誘《いざな》うことができたとすれば、私にとってこれ以上の喜びはありません。

今後、「古代史解明シリーズ」として第二弾、第三弾も発行していく予定ですので、ぜひご期待下さい。

最後に、これらの岩絵や碑文《ひぶん》を解明するに当たり、類まれな神通力者である上原保江先生、金城良直先生のご両所に大変お世話になりました。ご両所を通じて、火之大神様《ひのおおかみ》にご啓示《けいじ》賜りましたことをお知らせ申し上げておきます。

なお、本書の編集に関しまして㈱たま出版専務取締役中村利男氏とスタッフの方々には多大なるご指導・ご協力を賜ったことを記しまして御礼とさせていただきます。

二〇〇七年九月

著者識

奉　大宇宙御貴主愛様、火之大神様

合掌・二礼・二拍手・一礼・合掌

志鎌芳夫

合掌・二礼・二拍手・一礼・合掌

著者プロフィール

志鎌　芳夫（しかま　よしお）

1948年９月、千葉県生まれ。東京都在住。

日本工業大学工学部建築学科卒。㈱渡辺建築事務所等を経て、㈱街設計開設。一級建築士。

2004年、啓示を得たのち建築設計の活動をいったん休止し、古代史研究に関する執筆活動を本格的に開始。現在に至る。

せせらぎ短歌会会員

謎のアークとキリストの真実――古代史解明シリーズ〈１〉

2007年10月26日　初版第１刷発行

著　者　志鎌 芳夫
発行者　韮澤 潤一郎
発行所　株式会社 たま出版
〒160-0004　東京都新宿区四谷4－28－20
☎03-5369-3051（代表）
http://tamabook.com
振替　00130-5-94804

印刷所　図書印刷株式会社

ISBN978-4-8127-0241-3 C0011